★ "十三五"国家重点图书主题出版规划项目
● 中国工程院重大咨询研究项目

产业技术创新研究系列丛书

THEORETICAL RESEARCH ON SUPPORTING SYSTEM OF
INDUSTRIAL TECHNOLOGY INNOVATION

产业技术创新支撑体系的理论研究

干 勇 钟志华 主 编
李新男 刘 东 副主编

经济管理出版社
ECONOMY & MANAGEMENT PUBLISHING HOUSE

图书在版编目（CIP）数据

产业技术创新支撑体系的理论研究/干勇，钟志华主编 . —北京：经济管理出版社，2016. 10
ISBN 978 - 7 - 5096 - 4604 - 5

Ⅰ . ①产… Ⅱ . ①干… ②钟… Ⅲ . ①产业—技术创新机制—研究—中国 Ⅳ . ①F124. 3

中国版本图书馆 CIP 数据核字（2016）第 216493 号

组稿编辑：杜　菲
责任编辑：杜　菲
责任印制：黄章平
责任校对：王淑卿

出版发行：经济管理出版社
　　　　（北京市海淀区北蜂窝 8 号中雅大厦 A 座 11 层　100038）
网　　　址：www. E - mp. com. cn
电　　　话：(010) 51915602
印　　　刷：三河市延风印装有限公司
经　　　销：新华书店
开　　　本：787mm×1092mm/16
印　　　张：13
字　　　数：213 千字
版　　　次：2016 年 10 月第 1 版　　2016 年 10 月第 1 次印刷
书　　　号：ISBN 978 - 7 - 5096 - 4604 - 5
定　　　价：58. 00 元

《产业技术创新研究系列丛书》
顾问委员会

编写委员会

主　编： 干　勇　钟志华

副主编： 李新男　刘　东

成　员：（按姓氏笔画为序）

丁　健	于振行	于燮康	王学峰	王　政	王晓亮	王领军
王鸿雁	王智文	王　颖	公维峰	文中领	方宪法	冉　戎
延建林	任　爽	刘晓光	闫成罡	许志鹏	麦仕义	苏广夏
杨炳南	杨　骅	杨渝玲	李　义	李小平	李永福	李　杰
李振良	李　娟	李　辉	李蜀庆	李新创	李　鑫	肖广岭
肖　智	吴　健	吴海华	何海燕	邸晓燕	宋福忠	张为民
张　东	张　宁	张永伟	张　宇	张建良	张葵叶	陈向东
陈　佳	茅益明	周　明	孟建伟	赵正国	赵　进	赵　明
赵　峰	胡雷钧	袁文辉	高　怀	高宏伟	梅　萌	曹华军
康荣平	董志峰	韩　伟	程学忠			

《产业技术创新支撑体系的理论研究》
编写研究组

咨询顾问：周　济　朱高峰　干　勇　钟志华
　　　　　陈清泰　方　新　张碧辉　王振海

负责人：李新男　刘　东

综　合　组：李新男　刘　东　康荣平　陈向东　肖广岭
　　　　　　孟建伟　邱晓燕　杨渝玲　李振良

主要研究人员：梅　萌　韩　伟　许志鹏　延建林　张永伟
　　　　　　　张　宁　李小平　李　义　吴海华　李　峰
　　　　　　　高宏伟　赵正国　董俊林　王子明　刘红萍
　　　　　　　刘佳男　李　蓓　汪　洋　李瑞茜

序　言

新中国建立特别是改革开放 30 多年来，我国工业取得了巨大发展，建立了完整的工业体系，许多产业已经具备国际竞争力，支撑着我国综合国力的提升。但总体而言，我国仍处于工业化中后期，呈现出产业发展不平衡，工业化基础不扎实等突出问题，尤其是产业核心技术供给不足，产业技术创新支撑体系尚不健全，严重制约了我国产业核心竞争力的提升。与此同时，已经开始进入后工业化时期的发达国家，凭借强大和高度融合的国际资本、雄厚的技术积累、完善的产业技术创新支撑体系以及与现代工业化相适应的创新文化氛围、国民教育体系和创新人才培养方式等，对我国工业进一步发展形成严峻挑战和冲击。

当前我国已经进入创新驱动发展的新阶段，确立了建设创新型国家和世界制造强国的战略目标。为此，必须充分考虑大国地位对产业独立和均衡发展的要求，顺应全球化和新技术革命的趋势，借鉴世界产业技术创新的历史经验，发挥大国市场优势，针对我国产业发展不平衡和差异化特点，加快产业技术创新支撑体系建设步伐，为增强我国产业核心竞争力提供有力支撑。

自 2012 年 12 月起，由中国工程院有关产业领域的院士、中国科学学与科技政策研究会技术创新专业委员会的专家学者、相关产业技术创新战略联盟的企业家和行业专家共 200 余人组成项目组，开展了重大咨询项目"我国工业领域产业技术创新支撑体系建设研究"。

通过该项目的研究，深入探讨产业技术创新及其支撑体系的基本特点和规律，借鉴国外发达国家产业技术创新支撑体系建设的做法和经验，形成了产业技术创新支撑体系的系统理论思考，并据此分析了我国工业领域重点产业技术创新支撑体系建设的现状和问题，以及在国际竞争中面临的挑战，提出了推动我国产业技术创新支撑体系建设的思路和建议，供宏观管理部门决策参考。本项目包括以下四个课题：

课题一：国外发达国家创新体系中产业技术创新研究。包含 4 个专题，分别对欧洲、美洲、亚洲部分国家的产业技术创新状况和特点进行分析。

课题二：我国重点工业领域产业技术创新支撑体系研究。选择了钢铁、有色金属、汽车、纺织、数控机床、基础性重型装备、重型机床、重型发电装备、农机装备、新兴能源、移动通信、计算与存储、集成电路装备、生物医药 14 个产业和领域进行专题研究。基本涵盖了国民经济中的基础性产业、支柱性产业和战略性新兴产业三大类产业。通过对这三类产业的深入研究，把握整个工业领域产业技术创新支撑体系的一般规律，为我国工业领域产业技术创新支撑体系建设总体方案的设计提供依据。

课题三：我国产业技术创新人才体系的构建研究。包含 3 个专题，重点涉及产业技术创新人才的内涵、培养、应用、流动、评价和激励机制，及创新团队集聚模式的研究。

课题四：产业技术创新支撑体系的理论、政策及体系建设的综合研究。包含 4 个专题，重点对产业技术创新支撑体系的概念内涵、主体、结构、功能及政策等进行研究，为产业技术创新支撑体系建设及其政策设计提供理论基础和分析方法。

《产业技术创新研究系列丛书》就是在该项目（课题、专题）研究成果的基础上，经过进一步的修改、扩充而完成的。本套丛书共包括六本，分别阐释了产业技术创新支撑体系的理论、发达国家经验、重点产业技术创新支撑体系实证研究、创新人才体系构建等内容，是国内第一套关于产业技术创新支撑体系的研究专著。本套丛书已被国家新闻出版总署列入《"十三五"国家重点图书主题出版规划项目》。

本项目的研究和丛书编写，得到了中国工程院领导的高度重视，得到了相关领域院士和各方面专家的科学指导，得到了工信部、科技部、国务院发展研究中心等部门的大力支持，得到了相关产业技术创新战略联盟、行业协会、学会、企业、高校和科研院所的积极配合。项目组的全体专家和工作人员付出了辛勤劳动。经济管理出版社相关领导和编辑为本书的出版做了大量工作。在此一并致谢！

目前，关于产业技术创新的研究相对较少，尚未形成比较系统的理论，产业技术创新支撑体系更是一个新的概念，需要深入和持续的研究。本丛书的理论探讨和实证分析，只是"产业技术创新支撑体系"研究探索的开端，存在许多不完善之处，敬请广大读者批评指正。

《产业技术创新研究系列丛书》

编写委员会

2016 年 9 月

目　录

第一章 导言

21 世纪以来，随着新一轮科技革命和产业变革的孕育兴起，国际产业分工格局正在重塑，国际竞争日益聚焦于产业层面。目前已有的创新研究中，比较多地关注国家/区域层面、企业层面的技术创新，有关工业领域产业技术创新的研究相对较少，这与产业技术创新发展的新形势极不适应。而且国外关于工业领域产业技术创新的研究基于成熟市场经济机制，对后发国家和体制转轨国家的关注不够。因此，加强我国工业领域产业技术创新的研究，有非常迫切的现实需求和重要的理论意义。

一、研究背景

（一）产业技术创新发展态势

1. 工业领域产业技术创新呈现新趋势

新科技革命深刻影响着产业方式的变革。当前全球新一轮科技革命方兴未艾，科学技术呈现出学科交叉融合发展的多点、群发突破的态势，它既依赖现代化进程强大需求的拉动，又源于知识与技术体系内在逻辑的突破和创新。信息网络、生物科技、新材料与先进制造等领域的颠覆性技术层出不穷，不断创造新需求，已经展现出重大产业变革的前景。新一代信息技术发展和无线传输、无线充电等技术的实用化，为实现人与物、人与人、物与物、人与服务的万物互联提供了丰富高效的工具与平台。新科技革命也深刻地影响着人类的思维方式、生活方式和生产方式，改变着科学技术的结构体系，推动着全球科技中心的转移，推动着世界现代化的发展进程。而且正在重塑世界竞争格局，改变国家力量对比。随着科学技术不断的突破性创新，新产品、新工艺、新服务等不断涌现，直接影响着产业的发展，催生着新的产业形态、商业模式和价值观念。

跨行业、跨学科领域的交叉集成创新不断催生新产业。在全球范围内，跨行业、跨学科的交叉融合已经成为趋势，使集成创新、协同创新不断深化，催生新的重大科学理论。从前沿基础研究向应用研究、技术开发的转化周期大大缩短，创新频率加快。网络信息技术、智能制造技术等快速进步，大型科研设施开放共享，众创、众筹、众智等多样化新型创新平台和创新模式不断涌现，使科研和创新活动日益向个性化、开放化、网络化、集群化方向发展。这些趋势改变着人类创新活动的组织模式，激发出前所未有的创新活力，催生出一批崭新的产业。

信息技术的广泛应用带动了工业化与信息化的深度融合。以制造业的数字化、网络化、智能化为核心，建立在分散式物联网基础上，即由通信互联网、能源互联网、物流互联网构成的分布式、协同和点对点的智能基础设施，同时叠加新能源、新材料、生物信息学等方面的突破，在全球范围对工业发展带来了深刻影响。信息通信技术、新材料技术等将在未来与产品和生产网络融合，极大地改变产品的设计、制造、提供甚至使用方式。硬件制造企业和软件生产企业的边界日益模糊，有可能为制造业拓展出难以想象的发展空间，一个典型的案例就是 Facebook 已经开启了历史上最大、最先进的硬件实验室，宣布未来十年，将建造从 Oculus 头部设备，到太阳能飞机等各种产品。未来制造业的主要趋势是个性化的低成本产品需求增大、生产重新分配和制造价值链的数字化。这将对制造业的生产过程和技术、制造地点、供应链、人才甚至文化产生重大影响。

2. 国家战略和政策焦点日益转向产业技术创新

经济全球化对创新资源配置产生了重大影响，人才、资本、知识、技术、信息等创新要素在全球范围流动，速度、范围和规模都达到空前水平。面对科技创新发展的新趋势和新机遇，世界各国纷纷把创新驱动作为国家的优先战略，希望通过加强科技创新来增强产业竞争力、优化就业结构、驱动可持续发展和提升国家竞争力，为此出台了一系列战略、规划和举措，布局未来发展，培育新的竞争优势和经济基础，体现了运用战略和政策促进产业技术创新、推动新工业革命的国家意志和鲜明态度。

美国近些年陆续制定了《创新美国战略》、《重整美国制造业政策框架》、《美国生物经济蓝图》、《先进制造业国家战略计划》等战略规划和行动计划，积极推动新能源、智能制造等技术的发展，引领制造业振兴，并鼓励企业在本土进行研发和投资，创造就业。2009 年出台的《美国复苏与再投资法案》提出，到 2025 年联邦政府将为新能源技术项目投资 900 亿美元，用于发展高效电池、智能电网、碳存储和碳捕获。2012 年 3 月，奥巴马政府宣布投资 10 亿美元，启动"国家制造业创新网络（NNMI）计划"，在重点技术领域建设制造业创新中心，以帮助消除本土研发活动和制造技术创新发展之间的割裂，重振美国制造业竞争力，并引发制造技术的变革。为此，美国总统办公室、国家科学技术委员会、国家先进制造业项目办公室联合发布《制造业创新中心网络发展规划》，提出在制造工艺、先进材料及其加工工艺、高效能技术及其平台以及具体应用等优先领域创建 15 个"国家制造业创新中心"，这些中心主要支持介于"发现/发明起步阶段的创新"和"商业化之前开始规模生产时期的创新"，涉及的相关技术和产业有望成为未来制造业的发展方向。根据 2016 年 2 月美国国会最新发布的《国家制造创新网络计划年度报告》及《国家制造创新网络战略计划》，美国已建成 7 家制造业创新中心，分别由国防部和能源部支持。其中，国防部支持了增材制造、数字制造、轻量合金、集成光子、柔性电子领域 5 家中心建设；能源部支持了电子电力器件、复合材料领域 2 家中心建设。例如，首家制造业创新中心是 2012 年 8 月成立的"增材制造创新中心"（the National Additive Manufacturing Innovation Institute），于 2012 年 10 月开放设施，主中心位于俄亥俄州的扬斯敦，在得克萨斯州埃尔帕索拥有分中心。该中心主要针对增材制造，即 3D 打印领域开展研究，为扩大影响力，后更名为美国制造（America Makes）。该中心设立前五年的资金投入构成包括联邦政府资金和非联邦政府资金两部分：联邦政府资金 5500 万美元，由国防部、商务部、国家科学基金会（NSF）和国家航空航天局（NASA）等部门出资；非联邦政府资金 5500 万美元，来自地方政府和产业界。中心建设的牵头机构是美国国家国防制造与加工中心（National Center for Defense Manufacturing and Machining)，截至 2015 年 9 月，成员达到 149 家，包括企业、研究型大学、社区学院和非营利性机构等。奥巴马政府的最终目标是希望在未来十年创建 45 个制造业创新中心。美国政府希望通过对产业技术领域的支持措施，借新能源产业的崛起，引发电力、IT、建筑业、汽车业、新材料行业、通信业等多个产业的重大变革和深度裂变，并催生出一系列新兴产业。

德国于 2006 年首次出台联邦层面的跨部门"高技术战略"，重点挖掘健康和安全生活、通信和移动生活、技术跨界三大领域的潜力，引入包括"尖端集群竞争"、"创新联盟"等激励机制。2010 年德国再次推出升级版的《高技术战略 2020》，主要聚焦气候与能源、健康与营养、物流、安全和通信五大领域，从国家需求出发应对全球性挑战。其中，"工业 4.0"确定为十大未来项目之一。"工业 4.0"是在德国工程院、弗劳恩霍夫协会、西门子公司等德国学术界和产业界的建议和推动下形成的，研究项目由德国联邦教研部与联邦经济技术部联手资助。政府预计投资 2 亿欧元，着力推进官产学一体化的新一代工业升级计划。通过使工厂生产设备实现网络化等措施，推进使生产系统向高层次发展的"智能工厂"。希望通过"工业 4.0"的创新确保德国制造业的国际竞争力，争夺新一轮技术与产业革命的话语权。2014 年 9 月德国又推出了进一步升级版的"高技术战略 3.0"，旨在将创意迅速转化为创新产品和服务，以维持德国作为经济大国、出口大国和创新领导国的地位。与前两个版本相比，新的高技术战略内涵更加丰富，囊括了从创意产生到转化为商品和服务的全过程。"高技术战略 3.0"最强调的核心要素，是优先发展与社会财富和个人生活质量相关的项目。这些项目分布在六大领域，分别是数字经济和社会、可持续经济与能源、创新工作环境、健康生活、智能交通以及公共安全。其中，数字经济和社会包括"工业 4.0"、大数据和云计算等概念；可持续经济与能源致力让生产与消费更加有效、环保，更能与社会兼容；创新工作环境让新的工作组织形式、更强大的定向服务、价值创造过程中的更多互动变得可行；健康生活有望在提升健康和幸福的同时，开拓世界级市场；智能交通除了能提升交通效率和运力，还为新的商业模式带来了机会；公共安全则致力于避免让小故障酿成大损失，同时重点关注网络安全问题。"高技术战略 3.0"还包括一系列支持中小企业创新的项目，如搭建一个中小企业共享的平台，解决单个中小企业无法开展独立科研的问题；帮助研发能力较强的中小企业开展高风险研究，并确保成果能够在不同领域扩散。政府还为中小企业提供咨询，帮助它们对接欧盟推出的"地平线2020"创新研究项目，走向国际市场。

英国政府2011年发布了《发展先进制造业的主要策略和行动计划》，提出了重振英国制造业的五大策略和七大行动计划，五大策略即占据全球高端产业价值链、加快技术转化生产力的速度、增加对无形资产的投资、帮助企业加强对人力技能的投资、占领低碳经济发展先机等。同年3月，英国政府还宣布投入5100万英镑，在工程和物理科学研究理事会下建立9个创新制造研究中心。同年12月，英国政府围绕打造先进制造业产业链，投资了1.25亿英镑。这项"先进制造业产业链倡议"不仅面向汽车、飞机等传统产业，还面向英国有望在世界领先的可再生能源和低碳技术等领域，旨在支持英国制造业企业在全球市场发挥重要作用。2013年出台的"英国工业2050战略"，提出了未来制造，制造业不再是传统意义上"制造+销售"，而是"服务+再制造（以生产为中心的价值链）"。未来英国制造业将具有以下四个特点：一是快速、更敏锐地响应消费者需求。生产者将更快地采用新科技，产品定制化趋势加强。制造活动不再局限于工厂，数字技术将极大地改变供应链。二是把握新的市场机遇。金砖国家和"新钻十一国"将增大全球需求，但英国的主要出口对象仍然是欧盟和美国。高科技、高价值产品是英国出口的强项。三是可持续发展的制造业。全球资源匮乏、气候变化、环保管理完善、消费者消费理念变化等种种因素将使可持续的制造业获得青睐，循环经济将成为关注重点。四是未来制造业将更多依赖技术工人，加大力度培养高素质劳动力。此外，还提出了未来需要政府给予关注的三个系统性领域，包括更加系统、完整地看待制造领域的价值创造，明确制造价值链的具体阶段目标，增强政府长期的政策评估和协调能力。上述战略和政策表明，英国制造业的发展趋势不再是量的累积，而是着眼于高价值战略，将高价值制造业作为未来发展的方向。英国将在基础设施投资、高技术人才培养和新兴市场开发等方面为制造业创造良好的基础。

日本政府于2013年6月正式推出以推动经济增长为目标的"日本再兴战略"，主要内容包括产业振兴、刺激民间投资、放宽行政管制、扩大贸易自由化。该战略提出推动第四次产业革命，发展物联网、大数据、人工智能、机器人、自动驾驶等；实施世界最先进的健康立国，发展活用物联网技术、机器人和传感器的医疗诊断、个性化医疗、个性化医疗服务等；克服能源环境制约并扩大投资，发展节能产业、再生能源等。根据这一战略，日本政府提出《产业竞争力强化法案》，并于同年 10 月由日本国会通过。该法旨在提高产业竞争力、促进企业投资和技术开发，主要内容包括取消和缓解各种限制，鼓励企业向新的生产领域进军；制定新的制度，允许企业大胆开展科研开发和技术创新；利用优惠税制，促进企业的投资活动等。新法通过后，日本汽车企业可以让"无人驾驶汽车"进入高速公路进行试验活动，而此前该试验与"日本道路交通法"相抵触。该法还为不同行业的企业进入节能环保领域开发新产品和新技术打开了门户。2013 年，日本政府还提出了颠覆性技术计划（IMPACT），该计划致力于建立一个全新的系统，促进能够推动产业和社会发生主要变革的颠覆性创新，强化日本产业竞争力。2015 年 6 月，日本经济产业省公布了《2015 年版制造白皮书》，对日本制造业可能在新一轮国际竞争中落后表现出强烈的危机感。建议日本制造业积极发挥 IT 的作用，向以大数据为基础的"下一代"制造业转型。

2012 年 5 月，法国新设"生产振兴部"，推动再工业化和信息化。法国政府于 2013 年 9 月，推出了"新工业法国"战略，计划推动再工业化和数字经济，通过创新重塑工业实力，使法国处于全球工业竞争力的第一梯队。在具体操作上，法国政府制定了详细路径。根据经济部计划，2015 年秋，法国"未来工业"项目正式和德国"工业 4.0"项目建立合作关系；2016 年，法国将公布"未来工业"标准化战略。对于"未来工业"的宣传推广，法国也将仿照德国汉诺威工业博览会模式，举办类似大型活动。

韩国政府 2009 年制定《新增长动力产业规划及发展战略》，从 17 个新增长动力产业中，选择了 13 个产业的 62 个项目作为国家重点扶持研发项目。为了将这 62 个项目培育成韩国"明星品牌"，提出了需要解决的 1214 项核心技术，并在 2013 年投入 24.5 万亿韩元进行扶持。鼓励企业开展技术创新，制订《企业投资促进方案》，规定政府对企业用于核心源泉技术开发投资的 25%（中小企业可享受 35%）给予免税优惠，该税收优惠在经合组织国家中为最高水平。2013 年初，韩国总统朴槿惠提出实施"创造经济"的发展思路，以创造力为基础，将科技、信息通信技术（ICT）应用到全部产业上，促进产业和产业、产业和文化之间的结合，形成新商业模式，推动新产业发展，创造新的市场和就业。为此专门组建了被称为新一届政府"核心中的核心"的未来创造科学部，以面向"未来、创造和科学"为导向，强调政府加大政策服务，并提出培育未来"创造经济"时代的五大战略。重点是集中培育科学技术与信息通信技术（ICT）新产业，实现"创造经济"与"国民幸福"。到2017年，将推动科学技术与ICT融合、科学技术与文化创意融合商业化等"十大创造型新产业"项目，内容将涉及卫星影像大数据处理和分析、干细胞技术、未来型材料技术等。

2013年12月，韩国国家科学技术审议会公布了每5年修订一次的"第六次产业技术创新计划（2014～2018年）"，今后5年产业通商资源部将为该计划投资17.8万亿韩元（约1010亿元人民币）。该计划提出"建设良性循环的产业技术生态系统，跻身产业强国之列"的愿景，以及未来三大政策方向：①摆脱现有模仿发达国家的模式，在创意产业、材料零部件产业、系统产业、能源产业实施13个大型交叉研究项目，以创造新市场、拓展新价值链；②发展产业生态系统，建设以产业群为中心的综合型支援体系，充分发挥产业生态系统利益相关方的相互作用，并增强企业、研究机构与大学的联系；③激发民间的技术创新活力，明确民间与政府在研发中的角色，通过针对中小企业的技术产业化补贴等政策，由政府引导民间向高风险的研发领域投资。2014年韩国政府又出台《未来增长动力落实计划》，旨在发展包括九大战略产业和四大基础产业的13个未来增长动力产业，形成支撑韩国经济增长的动力源。这13个未来增长动力均是全球热点技术产业领域，代表着未来产业发展趋势（见表1-1）。

表1-1 韩国的13个未来增长动力产业

类别		产业
九大战略产业	主力产业	智能汽车、5G移动通信、深海底海洋工程设备
	未来新产业	智能机器人、可穿戴智能设备、实感内容
	公共福利产业	定制型健康管理、灾难安全管理职能系统、新再生能源混合系统
四大基础产业		智能型半导体、大数据、融复合材料、智能型物联网

印度政府将2010～2020年视为"创新十年"，并组建了国家创新委员会。2013年出台了《科学、技术与创新政策》，提出到2020年跻身世界五大科技强国的蓝图。新的创新政策提出，印度的全球竞争力将既取决于科学、技术与创新事业在多大程度上实现垂直整合，又取决于通过创新能够创造多少社

会财富和经济财富。印度需要改进创新的机制和模式，以平衡科学、技术和创新的各项优先事项，并加强它们之间的相互联系。印度对志在领先的制造业部门进行战略选择，集中投入科技创新资源。在一些具备竞争优势的关键工业部门，采取特殊措施，逐步提高研发强度，并对中小企业研发给予特殊支持。印度还将设计专门促进产学研合作的创新机制，并推广以往成功的创新模式。

从世界各国发展制造业的战略规划来看，实质上是对制造业产业链的重构，是奠基于新的以互联网为支撑的、智能化定制生产方式之上的、对制造业高附加值环节的再造，其制造业的概念和附加值正在不断从硬件向软件、服务、解决方案等无形资产转移。在这一转变和重构的过程中，政府扮演着重要角色。

新科技革命和产业变革为世界各国发展带来了共同的机遇，尤其为后发国家在更高起点赶超跨越提供了战略机遇。但面临的挑战也是巨大的，基础薄弱和后发劣势有可能削弱后发国家的低成本制造等优势，进一步拉大与发达国家的差距。

3. 加快工业领域产业技术创新成为提升我国核心竞争力的关键

新中国成立尤其是改革开放以来，我国制造业持续快速发展，建成了门类齐全、独立完整的产业体系，推动了工业化和现代化进程，增强了综合国力，支撑世界大国地位。据统计，我国以拥有 39 个工业大类，191 个中类，525 个小类，成为全世界唯一拥有联合国产业分类中全部工业门类的国家。许多行业的技术和装备水平有了明显提高，部分重点行业的产业技术创新能力明显增强。然而与世界先进水平相比，我国制造业仍然大而不强，许多产业仍处于全球产业价值链的中低端，许多产业拥有自主知识产权技术与产品少，产业关键核心技术对外依存度高，受制于人。支撑产业升级、引领未来发展的科技储备亟待加强，产业转型升级和跨越发展的任务紧迫而艰巨。

当前我国产业发展面临两个突出挑战：一是中国产业技术进步迅速，已经成为世界制造业大国，正在向制造业强国努力，依靠跟踪和模仿创新继续大幅度提升产业技术水平的空间逐步缩小，产业技术"跟随战略"逐渐让位于"赶超战略"；二是新技术革命带来的机遇和挑战，正在重塑全球产业格局和价值分配体系，中国需要通过提升产业技术创新能力抢占战略性新兴产业的制高点，力争在未来全球产业格局中占据更有利位置。

随着我国生产曲线抵达技术边界，通过引进和吸收国外技术带来的红利逐步耗尽，经济增长面临转型压力，下一步经济增长必须更多地以创新为基础。增长模式转变，工业竞争力提升，产业结构优化升级，都依赖于产业技术创新，而产业技术创新的关键取决于是否建立起一个有效的支撑体系。为此，需要充分认识各产业的共性和特殊规律，加强基础研究、应用研究、试验开发的统筹布局和顶层设计，促进价值链、创新链、产业链的有机贯通。

在现有国际产业分工格局中，发达国家占据了产业价值链的高端环节，"再工业化"与第三次工业革命的结合，使发达国家在科技、人才、信息、资本等方面长期积累的优势进一步强化，巩固其在全球产业分工体系中的地位，成为新一轮科技革命与产业变革红利的主要受益者，这将对中国提升产业竞争力形成挑战。能否抓住新科技革命的历史机遇，形成新的发展模式，走出一条绿色、智能、普惠、可持续的发展道路，将在很大程度上决定着我国现代化的进程和方向。

近些年，我国已经出台了一系列政策举措，主要聚焦于国家宏观层面和企业微观层面，形成日益完善的创新政策体系，如推动国家创新体系建设、大力强化企业技术创新主体地位等。在新的时期，我国创新政策焦点需要更多转向产业中观层面，更加关注产业技术创新。"十一五"时期，科技部等部门启动实施国家技术创新工程，提出围绕产业链构建技术创新链，提升产业核心竞争力，并重点推动创新型企业、产业技术创新战略联盟和创新服务平台建设。"十二五"时期，工信部发布了《产业技术创新规划》，明确了产业技术创新的目标，将产业技术创新体系建设作为一项重要任务，并提出建设一批产业技术创新服务平台和行业重点实验室，构建技术创新服务体系。2015年，国务院发布了《中国制造2025规划》，作为从制造业大国转向制造业强国的顶层设计，该规划被视为"用三个10年完成中国从制造业大国向制造业强国转变"的第一个10年路线图。"中国制造2025"着眼于国际国内的经济社会发展、产业变革的大趋势，从国家的战略层面描绘建设制造业强国的宏伟蓝图，其战略重点就是解决我国制造业创新能力薄弱、制造业技术创新体系不完善的问题，从源头上改变产业技术创新滞后的状况。2016年5月，中共中央、国务院发布了《国家创新驱动发展战略纲要》，明确推动产业技术体系创新的战略任务，提出加快工业化和信息化深度融合，把数字化、网络化、智能化、绿色化作为提升产业竞争力的技术基点，推进各领域新兴技术跨界创新，构建结构合理、先进管用、开放兼容、自主可控、具有国际竞争力的现代产业技术体系，以技术的群体性突破支撑引领新兴产业集群发展，推进产业质量升级。2016 年 7 月，国务院又印发了《"十三五"国家科技创新规划》，提出充分发挥科技创新在推动产业迈向中高端、增添发展新动能、拓展发展新空间、提高发展质量和效益中的核心引领作用。围绕我国产业国际竞争力提升的紧迫需求，强化重点领域关键环节的重大技术开发，突破产业转型升级和新兴产业培育的技术瓶颈，构建具有国际竞争力的产业技术体系，推进颠覆性技术创新，加速引领产业变革，为我国产业迈向全球价值链中高端提供有力支撑。

在新的发展形势下，如何为产业技术创新提供系统性支撑，促进产业技术进步和核心竞争力提升，不断催生新产业，争取在若干重要产业领域成为引领者，需要加强系统谋划，需要围绕产业技术创新实践开展相应的研究。

（二）相关理论研究及不足

熊彼特（Joseph Alois Schumpeter）在 1912 年出版的《经济发展理论》中首次使用了"创新"（Innovation）一词。丹麦经济学家伦德瓦尔（Lundvall）在 1985 首次使用"国家创新体系"（NIS）这一概念。克里斯托弗·弗里曼（C. Freeman）在 1987 年出版的《技术政策与经济绩效：来自日本的经验》一书中，研究了日本在追赶战略实施中取得成功并反超英美，成为 20 世纪下半叶全球最有效率的系统之一的原因，对这一概念予以阐述。而后众多学者对这一概念从不同角度做了相关研究，有些从创新系统的结构要素入手，有些从创新系统的外在环境出发进行考察，分析法律、制度、政策等因素对国家创新系统的影响，从技术创新、国家创新系统的理论内涵到国别比较，做了大量出色研究。这些研究结合经济学、产业经济学的相关理论，吸收了技术创新理论、人力资本理论和新增长理论的研究成果。在国家创新体系、区域创新体系、企业技术创新、产业技术创新等方面积累了大量的理论成果。波特（Porter）将产业组织分析法引入战略管理领域，形成其独特的竞争战略理论，相继发表了《竞争战略》（1980）、《竞争优势》（1985）和《国家竞争优势》（1990），形成著名的"波特三部曲"，在全球范围内产生了深远影响。他的理论建立在产业组织经济学的结构—行为—绩效（SCP）这一范式基础上，认为企业竞争优势是由产业结构决定的，是由一个产业中的五种竞争力量（即进入威胁、替代威胁、买方的议价能力、供应方的议价能力和现有竞争对手的竞争）所决定的，这五种基本竞争力量的状况及其综合强度，决定了行业的竞争激烈程度，从而决定了产业最终的获利潜力。之后波特又提出著名的"钻石模型"，认为一国的产业国际竞争力的强弱与四要素有关：生产要素、需求条件、相关及支持产业的表现、企业的战略结构和竞争对手。钻石理论揭示出在某一区域的某一个特定领域影响生产率和生产率增长的因素，如信息、激励、竞争压力、制度与协会、基础设施、人力与技能库等。波特通过系统研究认为，竞争优势而不是比较优势才是一国财富的源泉，在全球化的今天，比较优势理论所强调的劳动力、自然资源、金融资本等要素投入的作用在日趋减少，而经营环境和支持性制度，保证投入要素能够得到高效使用和升级换代，是竞争力强弱的决定因素。

国内学者自 20 世纪 90 年代中期开始进行相关研究，在上述理论的基础上，结合我国科技体制改革和科技创新发展，对国家创新体系、区域创新体系、企业技术创新等进行了较系统的研究。而且许多研究成果已经成为现实的政策措施，成为创新型国家建设的理论基础。

关于产业技术创新方面，对自由市场经济占主导的发达国家来说，创新研究主要集中于企业层面，对产业技术创新理论的系统研究相对较少。一般把相同类企业研究归结为产业或部门创新系统（Sectoralsystem of Innovation），该理论是在 20 世纪 80 年代初期形成的网络合作化技术创新理论，以及 20 世纪 80 年代末期形成的国家创新系统理论的基础上发展而来，属于比较新的研究领域，波特、马勒巴（Malerba）等人做了开创性研究。尤其是马勒巴对产业创新体系的概念内涵进行了研究，建立了初步的体系化理论。

需要指出，由于发达国家和经济体的工业竞争力在全球范围处于领先位置，不存在产业发展不平衡或落后赶超等问题，因而也就没有在产业层面开展技术创新研究的迫切需求。此外，基于市场经济发展环境所做的相关研究中，尤其对政府的产业政策关注不够。这种理论研究状况已经与发达国家日益关注产业创新发展的新形势不相适应。已有理论已经不能满足产业创新发展的需要，也无法为这些国家提升产业竞争力的需要提供相应的理论支撑。

对发展中国家来说，普遍面临经济结构调整和发展方式转变的问题，与发展中国家产业发展问题相关的研究，主要有后发优势理论、赶超理论等。赶超理论认为经济过程是两种冲突力量相互作用的均衡过程，这两种力量分别是：创新，即知识的产生和使用，它致力于增加国与国之间的技术和经济差距；模仿或扩散，即外来知识的获取和使用，它力图减少国与国之间的技术和经济差距，达到追赶的目的。美国经济史学家亚历山大·格申克龙（Alexander Gerchenkron）在总结德国、意大利等国经济追赶成功经验的基础上，于1962年创立了后发优势理论。所谓后发优势，也常常被称作落后得益、落后的优势、落后的有利性等。伯利兹（Brezis）、保罗·克鲁格曼（Paul Krugman）、齐东（D. Tsiddon）还在总结发展中国家成功发展经验的基础上提出了基于后发优势的技术发展的"蛙跳模型"（Leapfrogging Model）。这些研究大多是运用发展经济学理论从经济学视角进行的分析，而聚焦于产业层面，从技术创新角度开展的研究，无论是理论建构还是实证研究都非常薄弱。

总体来看，对产业技术创新及其实现的支撑要素与系统，国内外学者尚未开展有针对性、深入的研讨，理论界也没有形成公认一致的概念。尤其是关于后发国家和体制转轨国家，对其产业技术创新的研究严重不足，亟须加强。

基于以往理论和实践需要，本研究从新的视角提出"产业技术创新支撑体系"的概念，尝试在总结以往研究成果的基础上，系统地研究、阐述其概念内涵、理论框架及其发展的政策环境。力图从产业中观层面，基于产业技术创新功能实现的维度，丰富产业技术创新的研究，为产业技术创新的实践提供理论依据。

二、研究目的和内容

（一）研究目的

本研究的主要目的是通过对产业技术创新及其支撑体系的系统理论探讨，为产业技术创新支撑体系建设及其政策设计提供理论基础和分析方法。

1. 总结和凝练出典型工业化国家产业技术创新的发展经验和特点

有关世界工业化发展的研究很少关注和涉及产业技术创新。本研究以世界工业化历史进程为背景，系统地回顾和分析典型工业化国家产业技术创新的发生、发展及其特点，总结出一些可供参考借鉴的共性特点和经验做法，为我国产业技术创新支撑体系建设提供借鉴。

2. 探索针对产业技术创新理论分析的新方法

国内外对产业技术创新的研究相对缺乏，也没有专门针对产业技术创新支撑体系的研究。然而，我国作为一个处在工业化中后期过渡阶段的制造业大国，且正在努力向制造业强国迈进，在产业发展中对加深产业技术创新规律的认识有迫切的现实需求，需要在产业技术创新方面进行更多的理论探索，建立产业技术创新的理论支撑。本研究尝试对产业技术创新支撑体系进行系统研究，阐述其概念内涵、要素、主体、结构及政策等，并探索构建具有政策参考意义的理论分析模型，从而为产业技术创新提供一个有效的理论分析方法。

3. 运用新的理论分析方法来探讨产业技术创新支撑体系的构建及其政策制定

遵循产业发展及其技术创新的规律，借鉴国内外产业技术创新支撑体系建设的做法和经验，结合我国产业技术创新及其支撑体系建设的现状和问题，探讨产业技术创新支撑体系建设及其政策设计的一般规律和做法。从而为我国重点产业技术创新支撑体系建设及政策制定提供理论指导。

（二）研究内容

本研究的主要内容包括产业技术创新支撑体系的概念内涵、要素结构、主体、功能及政策等研究。具体围绕以下几方面展开：

1. 典型工业化国家产业技术创新的历史考察

选择英国、德国、苏联、美国和日本在世界工业化历史进程中的典型国家，研究其工业化的发展历程以及产业技术创新的特点。这些国家开始工业化的时间不同，历史和文化也存在差异。英国是最早进行工业革命的国家，是新兴资本主义全球扩展的"领头羊"，是自由放任主义时期全球经济和技术的领导者，它的产业技术创新体系是人类历史上第一个创新体系，具有开创性意义。而德国是第二个具有典型意义的模式，作为新兴资本主义的后起之秀，德国在 19 世纪下半叶，迅速实现了从农业国向工业国的转型，并通过产业技术创新超越英国而成为世界产业技术领导者。第三个具有典型意义的模式产生在苏联，时间是 20 世纪上半叶。与先行者们以市场机制为基础的模式不同，苏联尝试以政府的行政计划管理来主导产业技术创新。英国、德国和苏联三种模式，可以称为产业技术创新最基本的国家模式，其他国家的创新体系大多是在这些基本模式的基础上演变而来的。美国在第二次工业革命时期实现成功赶超，并且在经过一个较大的调整后，在第三次工业革命时期建立起有史以来最强大的产业技术创新体系。日本是非西方文化国家中，第一个实现工业化的国家。明治维新后日本主要学习欧洲经验（德国为主），"二战"中实行战时统制经济走过一段弯路，"二战"后受美国影响很大，逐渐发展出一种由政府计划协调、私营企业主导的混合型产业技术创新模式，并凭此实现了成功赶超。

本研究沿着世界工业化发展的历程，对这些典型国家工业化起步和崛起时期所处的国际环境和地位、市场状况、主要产业、创新主体、政府/制度、国际政策等进行系统考察，以期总结出不同国家在不同历史时期和国际环境下产业技术创新发生发展的规律，为我国的产业技术创新发展及其支撑体系建设提供经验借鉴。

2. 产业技术创新支撑体系的概念内涵和要素结构研究

在综述国内外有关产业技术创新的相关理论的基础上，对产业技术创新的规律及其支撑资源进行分析，阐释产业技术创新支撑体系的概念内涵，尝试构建产业技术创新支撑体系的理论分析模型。

3. 产业技术创新支撑体系的主体及功能研究

依据产业技术创新支撑体系的理论分析模型，对其主体内涵，主体类型及其功能等进行研究，并选择美国作为参照，分析我国产业技术创新支撑体系的相关主体的演变、现状、问题和发展趋势。

4. 产业技术创新支撑体系的政策研究

政府在产业技术创新中扮演着重要角色，在营造政策和社会环境方面发挥着关键作用。本研究通过对相关理论的梳理和分析，依据产业技术创新支撑体系的理论分析模型，归纳提出产业技术创新支撑体系的政策结构框架，指导形成产业技术创新支撑体系的政策设计思路，并结合产业生命周期、产业类型和产业集中度等产业特征，具体分析研究政策选择与产业特征的内在关系。从而为具体产业技术创新支撑体系的政策设计提供理论依据。

三、研究方法

本研究以创新经济学、产业经济学、系统科学等理论为基础，采用多元视角，坚持历史与逻辑统一，通过文献分析、实践调研、国际比较和模型构建，提出产业技术创新支撑体系及其政策的理论模型和构建设想，并结合产业技术创新的国内外实践加以运用和检验。研究中综合运用了以下研究方法：

（一）历史分析

历史分析即从历史、现状及未来的视角开展研究，从历史的联系和发展变化中对研究对象进行考察。产业技术创新及其支撑体系的研究也需要从其历史、现状及未来着手，才能准确掌握其发展和演变的规律。

分析产业技术创新及其支撑体系的历史演变。从世界工业化发展的不同历史时期的社会状况和变迁，来研究产业技术创新及其支撑体系的发展过程和模式特征，并加以综合与概括，分析不同国家或地区产业技术创新及其支撑体系演变和发展过程中的相互联系和影响。

分析产业技术创新及其支撑体系的现状。重点分析当前我国工业领域产业技术创新及其支撑体系的状况和特点，比较发达国家或经济体的产业技术创新及其支撑体系的现状。同时，根据产业发展阶段和特征，分析不同类型产业技术创新及其支撑体系的状况。

分析产业技术创新及其支撑体系的未来趋势。采取面向未来的可持续包容性发展观，充分吸纳跨学科最新研究成果，充分考虑大数据、云计算、移动互联等新技术发展对产业发展及其技术创新的影响，结合产业技术创新发展的最新实践，研究产业技术创新及其支撑体系的发展趋势。

（二）比较分析

虽然在可比较的经济框架内，不同国家、不同产业的产业技术创新支撑体系有很多相似之处，但仍然存在明显的差异。通过对其相同点或相异点进行比较和分析，来确定其产生的缘由及合理性，有助于进一步认识其特征和本质，并为把握其本质的同时能够同中求异或异中求同提供客观依据。

不同国家间的比较。从不同国家的国情出发，结合其产业优势、特点和发展阶段，比较其产业技术创新支撑体系的共同点和差异，总结出一些共性规律和个性特点，以便借鉴和参考。

不同产业间的比较。比较不同类型产业技术创新支撑体系的组织结构、制度安排等，总结其共性规律，发现各自的突出特征和差异。

（三）建模分析

吸收产业技术创新理论的最新研究成果，结合产业发展和技术创新的实际，探索建立产业技术创新支撑体系的理论分析模型。本研究在理论研究和国际比较研究的基础上，选择了工业领域的部分重点产业，总结各产业技术创新支撑体系的特点，采用讨论会、座谈、访谈等形式，广泛征求学术界、产业界的意见，综合集成相关的理论和建议，尝试提出产业技术创新支撑体系的理论分析模型及其政策分析模型。然后，再将理论模型应用于具体产业的分析，检验和证明理论模型的有效性，并依据实践中反馈的意见和信息，进一步修正和改进理论模型。

四、结构安排

本书的基础是中国工程院重大咨询项目"我国工业领域产业技术创新支撑体系建设研究"的四个课题之一——"产业技术创新支撑体系的理论、政策及体系建设的综合研究"的成果。本书在课题研究报告的基础上，进一步补充、完善而成稿。本书的结构安排如下：

第一章，导言。重点分析产业技术创新支撑体系研究的背景和意义，产业技术创新支撑体系研究的目的、内容和方法。

第二章，世界典型国家产业技术创新的历史考察。从世界工业化演进的历史视角，回顾英国、德国、苏联、美国、日本典型工业化国家产业技术创新的发展历史，分析和总结其特点。

第三章，产业技术创新支撑体系的概念和结构。在系统梳理和分析国内外相关理论成果的基础上，阐述产业技术创新支撑体系的概念内涵，提出产业技术创新支撑体系的理论分析模型。

第四章，产业技术创新支撑体系的主体及功能。重点探讨产业技术创新支撑体系的主体内涵，依据产业技术创新支撑体系的理论分析模型，选择美国为参照，对其产业技术创新支撑体系的主体进行分析，并对我国产业技术创新支撑体系主体的演变和趋势进行分析。

第五章，产业技术创新支撑体系的政策研究。在综述国内外相关理论的基础上，依据产业技术创新支撑体系的理论分析模型，探索构建产业技术创新支撑体系的政策结构模型，提出产业技术创新支撑体系的政策设计思路和内容，并结合不同产业类型、产业生命周期、市场结构等产业特征，对政策选择进行细化分析。

第六章，结束语。总结梳理本研究的主要观点和结论，并提出需要进一步研究的方向和问题。

第二章　世界典型国家产业技术创新的历史考察

本章以世界工业化发展历史为背景，选择英国、德国、苏联、美国和日本 5 个典型国家，对其工业化及产业技术创新的发展历程进行考察。选择这些国家主要理由：一是着眼于世界工业化的不同历史阶段的特点及相关国家所扮演的关键角色和发挥的独特作用；二是着眼于世界工业化进程中各历史阶段中标志性国家的崛起；三是着眼于这些标志性国家如何抓住技术变革的重要机遇，形成颇具特色的产业技术创新体系和发展模式。

基于上述理由，英国是发生于 1760～1850 年第一次工业革命的先驱者和领导者，开启了世界工业化的历史进程；德国和美国是 19 世纪末 20 世纪初第二次工业革命时期的成功赶超者，美国在第二次世界大战后兴起的第三次工业革命中继续保持领导地位，德国经历"二战"后的恢复和重新统一后继续保持先进工业强国的地位；苏联则开辟了另一条独具特色且影响至深的工业化道路；日本早在第二次工业革命时期已经建立起比较完备的工业基础，成为非西方文化国家中率先实现工业化的国家，"二战"后充分利用当时国际格局并抓住第三次工业革命的机遇重新崛起实现经济赶超，最终成为世界第二大经济强国。因此，尽管比利时、法国、意大利、瑞士、瑞典等国家也是比较早地完成工业化，且在世界工业化进程的不同阶段发挥了重要作用，但其地位和影响仍无法与上述 5 国相比。

本章通过对 5 个典型国家的工业化及其产业技术创新的历史考察，力图归纳出这些国家工业化的基本特点和在不同时空条件下形成的各具特色的产业技术创新体系和代表性发展模式，也期望分析总结出工业化与国家崛起之间的内在联系。从而为中国工业化及产业技术创新的发展、实现大国崛起提供历史借鉴。

一、英国：市场主导的原始模式

英国是最早开始工业化的国家，也是率先建立市场经济体制的国家之一。在 18 世纪 30 年代，英国首先爆发了产业革命。到 19 世纪三四十年代，英国的产业革命基本完成，到 1830 年，英国开采了世界煤炭的 70% 并生产了世界棉布和铁的 50%。[①] 1851 年伦敦博览会向全世界展示了英国在工业和技术方面的领先地位。尽管 19 世纪 80 年代以后，在工业生产总值和煤、钢等重要工业产品产量上被美国超过，但英国的海上霸权和殖民大国的地位仍没有受到威胁，在武器生产和造船等重要工业部门仍占据优势，特别是其国际金融地位非常稳固。到 20 世纪初英国的极盛时代达到顶点。

18 世纪的英国产业革命是由技术革命引发的，机器的发明及应用取代了人力，大规模工厂化生产取代了个体手工作坊。当时英国各主要工业部门先后出现了从手工业生产过渡到机器生产的趋势。由此，催生出人类历史上第一个产业技术创新体系。这个体系是由市场主导而自发形成的，可以称为产业技术创新的原始模式。其中，既有以"渐进创新 + 企业集群"为特点的纺织产业技术创新；又有以蒸汽机的发明研制及其广泛应用为特质的、以机械工业技术为主导的动力机械产业技术创新。由于当时主导技术及其产业发展相对简单，其产业技术创新的特征十分突出。

（一）国际环境及地位：新兴资本主义全球扩张的"领头羊"

英国经济史学家里格利（E. A. Wrigley）论证，在 16 世纪中期，英国不论是经济还是人口都如其地理位置一样，处于欧洲大陆的边缘。这座岛屿上的人口比较稀少，人口数量仅相当于法国人口数量的 1/5、德国或意大利人口

---

① ［美］曼塞·布莱克福德著，锁箭译：《西方现代企业兴起》，经济管理出版社，2001 年，第 43 页。

数量的 1/4。英国的农业、工业、商业的发展都严重依赖于从欧洲其他发达国家引进的技术。[①] 17～18 世纪，英国相比邻国和竞争国，经济增长明显加快。18 世纪初，英国已经拥有一个强有力的中央政府，有了统一的通货、法律制度和税收体系。强大的区域性市场以及后来的全国性市场逐步发展起来，相比之下，此时的法国仍被关税壁垒分割为三个主要地区，德国甚至还不是一个统一的国家。

英国是头号的殖民大国。英国殖民的历史起点可上溯至 1600 年前后，当时英国战胜了西班牙的无敌舰队（1588 年），成立了东印度公司（1600 年），在北美洲建立了第一个殖民地（1607 年）。17 世纪后半期，通过三次英荷战争（17 世纪荷兰是欧洲最成功、经济最发达的国家），奠定了殖民大国的地位。之后英国殖民地逐年扩大，1899～1902 年的英布战争以英国胜利而告终，英国将南非纳入自己的殖民范围。英国的殖民范围至此达到了顶点。从西半球的加拿大、英属圭亚那、西印度群岛上的若干岛屿，到新西兰、澳大利亚、巴布亚，到英属婆罗洲、马来亚、新加坡、缅甸、印度和锡兰、亚丁，再到肯尼亚、乌干达、苏丹、南北罗得西亚、南非，一直到西非的加纳、尼日利亚和欧洲西部的马耳他、直布罗陀。再把受英帝国控制的亚洲、非洲、拉丁美洲一些国家包括进去，形成了一个古往今来无与伦比的庞大殖民帝国。[②]

政治体制、资源禀赋、资本、劳动力和市场等诸多因素使得英国在 18 世纪中期当仁不让地成为新兴资本主义全球扩张的"领头羊"，自然也成为第一次工业革命的发源地，成为世界上第一个步入工业化的国家，并且推动工业革命向全球的扩展，包括广大的殖民地和保护国。

（二）市场状况：世界最大国内市场 + 庞大的殖民地市场

城市是某些早期工业的集中地，城市化对工业化具有重要意义。英国较早地完成了城市化。1750～1800 年，英国拥有 1 万或 2 万多人口的城市有 14 个。到 1801 年，超过 2 万人口的城市有 16 个，其中伦敦拥有占英格兰全部人口 11% 的 100 万居民，成为一个世界级城市。[③] 另据钱德勒（Alfred D. Chan-

---

① ［英］E. A. 里格利著，侯琳琳译：《延续、偶然与变迁——英国工业革命的特质》，浙江大学出版社，2013 年，第 7 页。

② 罗志如、厉以宁：《二十世纪的英国经济》，人民出版社，1982 年，第 20、107 页。

③ ［美］曼塞·布莱克福德著，锁箭译：《西方现代企业兴起》，经济管理出版社，2001 年，第 11－12 页。

dler）的考察，英国在 19 世纪 70 年代，就几乎完成了从农商经济向城市工业经济的转变。在 1871 年，英国的劳动力有 43.1% 从事矿业和制造业，19.6% 从事贸易和运输业，15.3% 从事家庭和个人服务，6.8% 从事专业和公共职务，而从事农业、林业和渔业的仅占 15.1%。而美国的职业格局直到第二次世界大战之前还没有达到类似的比例。在 1851 年，英国有一半人口居住在 5000 人以上的城镇，1861 年伦敦拥有 320 万人口，是西方世界最大的都市。人口从乡村到城市、从农业到工业的迅速迁移产生了全世界最大、最集中的消费者市场。①

与同时代的其他发达国家相比，英国拥有一个庞大的殖民地市场。极盛时代的英帝国远非以往的罗马帝国或西班牙帝国所能比拟，英国是以强大的经济实力和技术优势来支配和经营这一庞大的殖民地，将本土与殖民地、保护国结合成一个有机的生产体系和庞大的市场体系中，向这些殖民地和保护国输出主要工业产品（铁路车辆、钢轨、机器、棉毛制品等），从后者输入原料（棉花、羊毛、有色金属）和食品。②

因此，第一次工业革命发生时，英国已经培育起当时世界最大的国内市场，同时还拥有庞大的殖民地市场，支撑英国成为第一次工业革命的先行者和领导者。

（三）主要产业：纺织、机械制造、钢铁

英国在第一次工业革命期间的突出特点是煤炭业的兴起和蒸汽机的发明和应用。法国人梯奎（Ticquet）曾把煤称为"英国财富的最大来源"。没有煤铁行业，就没有英国的工业革命。蒸汽机的发明具有重大的历史意义，它给大工业提供了动力，促使以机器体系和雇佣劳动为标志的工厂制度迅速确立起来。18 世纪末，蒸汽压力鼓风机开始应用于冶铁业，使英国的冶金工业迅速发展。进入 19 世纪，蒸汽抽水机在矿井中普遍得到应用，并陆续出现和采用了一些新技术，使英国的煤产量迅速上升。能源变革促进了英国在第一次工业革命中主导产业的快速发展。首先是纺织业的发展，带动了其他轻工业部门的机器发明及其广泛应用，进而推动了重工业的技术创新。在冶金、采

① ［美］小艾尔弗雷德·钱德勒著，引野隆志协助，张逸人等译：《规模与范围：工业资本主义的原动力》，华夏出版社，2006 年，第 276 页。

② 罗志如、厉以宁：《二十世纪的英国经济》，人民出版社，1982 年，第 20 页。

煤、机器制造等工业部门的强大推动下，交通运输业也发生了深刻的变化。

1. 纺织业

棉纺工业是英国产业革命的先驱，工业化首先从纺织工业部门开始。英国棉纺工业发展最快是在 1780～1800 年，这也是劳动生产率增长最快的时期。以后虽然也持续增长，但速度减慢。19 世纪的历史学家班尼斯（Baines）将 18 世纪七八十年代棉纺工业出现的增长奇迹直接归因于纺纱机、水轮机等技术的发明及其传播。亚当·斯密也在《国富论》中着重说明了在作坊和工厂里对工艺操作不间断地改进及原始的重大发明的重要性。据有关研究，1740～1749 年约有 80 个授权专利，到 1750～1759 年增加到 100 个以上，到 1770～1779 年增加到约 300 个。棉纺工业对英国经济的全面增长贡献巨大，1780～1860 年，棉纺工业生产率增长是经济总生产率增长的 15%。到 1820 年，棉纺品占英国出口量的 60%，成为 19 世纪贸易中最大宗的单项日用品，到 1899 年仍占英国制成品出口的 30% 以上，当时英国仍是最大的商品输出国。英国棉纺工业的持续增长一直到第一次世界大战。①

2. 机械制造业

英国的铁器制造业在十六七世纪就有了长足的发展，能够生产上千种铁器。机械制造业伴随着纺织业的发展而快速成长起来。在棉纺织业的带动和刺激下，其他轻工业部门也从工场手工业逐步向机器大工业过渡。轻工业部门的机器发明和广泛应用，进而推动了重工业的技术创新。同时，各种锻压设备和金属加工机床陆续发明出来，相继制造出镟床、铣床、钻床，使机器制造业出现了惊人的发展。

3. 钢铁产业

钢铁产业是 19 世纪的核心产业。英国是现代钢铁产业及技术的先驱。19 世纪 70 年代，英国企业家通过率先采用两项基本的技术创新——1859 年发明的贝塞麦（Bessemer）酸性转炉法和 19 世纪 60 年代晚期完善的平炉法，而成为带头者。酸性转炉主要用于生产钢轨、钢管和薄钢板，优质的平炉钢主要用于钢梁、其他结构和船板。1880 年，英国仍然是世界最大的钢生产国。英国钢铁业很重要的市场就是其世界第一的造船工业。在 19 世纪 90 年代的 10

---

① ［英］克利斯·弗里曼、罗克·苏特著，华宏勋、华宏慈等译：《工业创新经济学》，北京大学出版社，2004 年，第 42－43、60－61 页。

年中，英国生产的平炉钢约一半（占总产量的 1/4 以上）是用于造船的。[①]

（四）创新主体：企业家（发明家）+ 熟练技术工人（工匠）

1. 企业家与发明家

英国第一次工业革命时期的企业家来自各个社会阶层和具有各种背景，而且许多都身兼发明家。例如，身为牧师的卡特莱特（Cartwright）和道森（Dawson）发明了织布和炼钢的新方法，医生约翰·路勃克（John Roebuck）和詹姆士·克尔（James Keir）从事化学研究并成为工业家，理发匠理查德·阿克瑞特（Richard Arkwright）发明了精纺机并成为最有影响、最成功的棉纺业主，学校校长山缪尔·沃克（Samuel Walker）成为英国北方钢铁工业的头面人物。

新教徒的作用尤其明显。新教徒在大学、政府部门受到排挤，迫使他们中的许多人投身实业，而且新教徒是受教育较好的一部分人。苏格兰长老会教友在早期的发明者中占很高比例，其中有瓦特（James Watt）和他的大多数助手，如欣克莱尔（Sinclair）、德尔福特（Telford）、马卡丹（Macadam）、尼尔逊（Neilson）等。最成功的企业家中，有少数已经较好地掌握了近代科学，如陶瓷工业的一位领先的企业家——杰西·威金伍德（Josian Wedgwood），在1783年当选为英国皇家学会会员。发明家和企业家兼于一身是许多企业成功的关键，但更容易成功的是技术发明家和具有商业经验和才智的企业家之间的有效合作，为筹措资金支付新机器费用和提供早期运作资金提供了解决途径。[②] 如博尔顿[③]—瓦特的伙伴关系，阿克瑞特—金德丁·史托鲁（Jedediah Strutt）[④] 的合伙关系。

2. 熟练技术工人与工匠

中世纪西欧传统的手工业技术为 18 世纪英国的产业革命提供了必要的物

---

① ［美］小艾尔弗雷德·钱德勒著，引野隆志协助，张逸人等译：《规模与范围：工业资本主义的原动力》，华夏出版社，2006 年，第 305－306 页。

② ［英］克利斯·弗里曼、罗克·苏特著，华宏勋、华宏慈等译：《工业创新经济学》，北京大学出版社，2004 年，第 47－59 页。

③ 马修·博尔顿（Matthew Boulton）是英国制造商和工程师。1775 年，博尔顿和瓦特正式成为合伙人，并争取国会将瓦特的专利保护从 1769 年延长到 1799 年。博尔顿倾其所有精力和财力使瓦特的蒸汽机梦想成为现实，被称为蒸汽机之父瓦特背后的男人。

④ 金德丁·史托鲁是制袜厂主，有商业经验也有机械知识，认识到阿克瑞特发明的潜力，于 1769 年在诺丁汉（Nottingham）开办了第一家马拉动力和基于转辊纺纱专利的工厂，1771 年在德比郡的克罗福德（Cromford）建立了采用水力的工厂。

质和人力准备。西欧大陆各国的手工业发展各有长处，法国在丝绸、服装、建筑、五金工艺，荷兰在麻织、毛织、玻璃、钟表工艺，意大利在造船和武器制造方面的特长，都是英国当时学习的对象。随着大陆国家对新教徒迫害的加剧，有技术的工匠纷纷来到英国。英国工业化所需要的第一代的机器制造工人就来自手工工匠。17 世纪后期，英国的钟表业在世界上首屈一指，而且其优势保持了一个多世纪。英国的钟表制造业作坊是为未来培养优秀机械工人和设计师的最好场所。英国的制磨匠也是优秀的，他们通常具有一定的数学知识，懂得水平测量和度量法，能够计算速度和强度，能画平面图等。这些钟表匠、制磨匠以及其他有较高手艺的手工业者，是产业革命时期英国第一代技术力量的重要组成部分。他们不但成为若干种新产品和新设备的设计者和制造者，有些人还成为新设备的操作者。此外，许多已有生产工艺和产品的渐进性改进经常是由在各种工作场所使用机器操作的工人创造出来的。

熟练技术工人的成长主要是依靠个人的摸索和自身经验的积累，其培养主要依靠个人之间、师徒之间的技能和知识的传授。19 世纪初期，英国的一些工厂除了招收"工厂的学徒"外，还允许本厂工人带"私人的学徒"。在这个过程中，学校教育所起的作用是非常有限的。产业革命开始后大约 60 年，在 1823 年伦敦和格拉斯哥这样一些大工业城市才开办了正式的技工学校，以后各城市相继创办。在 18 世纪 60 年代开始产业革命时，英国还没有一所适应这种需要的高等技术学校。虽然剑桥大学和牛津大学早就有自然科学讲座，但主要强调纯理论的探讨，不注意理论与应用科学的结合，不曾成为培养技术人才的重要机构。直到近 100 年后的 19 世纪中期，伯明翰、曼彻斯特、伦敦、利物浦等城市的大学才担负起培养技术人员的职责。1851 年和 1864 年，才建立两所专业性的高等技术学院——皇家矿业学院和皇家造船工程学院。①

3. 产业集聚区

第一次产业革命是实现工场手工业向近代机器工业过渡的时期。采用蒸汽动力和机器设备后，企业规模比手工工场时有了明显的扩大，但由于当时技术和生产条件的限制，用后来的标准衡量，当时的企业仍是小型企业。直到 19 世纪七八十年代，英国工业仍以中小企业为主。例如，1870～1885 年，英国一般棉纺织厂雇工从 180 人增加为 191 人。在针织业中，雇佣人数由 71

① 罗志如、厉以宁：《二十世纪的英国经济》，人民出版社，1982 年，第 82－83 页。

人增加到 86 人。金属加工业的工厂数在 1870~1871 年多达 18000 个，共雇佣 62.2 万人，平均每个工厂 34.5 人。煤矿也大多是小矿场，雇工人数在 100~200 人，年产量几万吨。造船厂规模大一些，1870 年东北海岸一般制造铁船的工厂雇工人数约 800 人。至于当时在英国工业企业中数量占比较大的食品工业和其他轻工业企业的规模就更小了。[①] 这些中小企业一般按产业聚集分布在特定的区域，形成产业聚集区。在棉纺工业的中心——兰开夏郡附近的各城镇甚至形成了更细分的集聚经济，如博尔顿（Bolton）的细纱，奥尔德海姆（Oldham）的粗纱，布莱克本（Blackburn）和柏恩里（Burnley）的粗布。[②]

因此，主导英国产业进步的是雇佣着有经验、有技术的工人的成千上万的中小企业，这些中小企业按照专业化分工需求，形成各具特色的产业聚集区。那个时代，单个企业的作用并不重要。

（五）政府/制度：专利制度、资本市场、在职学徒制

1. 专利制度

英国于 1624 年颁布的《垄断法案》，被认为是世界上第一部具有现代意义的专利法，其中许多原则和定义一直沿用至今。该法申明禁止一切垄断行为，但第六条仍规定授予发明者对其发明 14 年的垄断期，还规定专利权人必须是"第一个真正发明人"，就是今天的发明优先权和新颖性等条件的雏形。现代专利制度首先在英国确立，促使社会知识积累和技术进步方式发生了根本性的变化，促进了技术发明，保障了技术发明者的利益，也有力地促进了创新技术和工业资本的结合。

以英国棉纺工业最杰出的企业家兼发明家理查德·阿克瑞特为例，他发明的精纺机主宰了纺织业近 20 年，直到 19 世纪早期才被塞缪尔·克劳柏登（Samuel Crompton）的纺棉机所替代。他一直处在有关发明优先权的各种争议之中，包括之后许多改进发明获得进一步的专利，他通过法庭胜诉成功地保护了自己的发明，保证了专利权收入，使他从发明中积聚了大量财富，在 1792 年他去世时成为当时英国最富有的实业家之一。[③] 再以蒸汽机为例，瓦特

---

① 罗志如、厉以宁：《二十世纪的英国经济》，人民出版社，1982 年，第 92 - 93 页。

② ［英］克利斯·弗里曼、罗克·苏特著，华宏勋、华宏慈等译：《工业创新经济学》，北京大学出版社，2004 年，第 62 页。

③ 有关阿克瑞特发明优先权的争议请参阅［英］克利斯·弗里曼、罗克·苏特著，华宏勋、华宏慈等译：《工业创新经济学》，北京大学出版社，2004 年，第 56 - 58 页。

在纽可门式蒸汽机的基础上不断试错，并逐渐改进其运行效率。由于具有蒸汽机的专利，瓦特得到了约翰·鲁巴克、马修·博尔顿等的"风险投资"，促进了蒸汽机技术的市场化进程。

因此，正是专利保护的排他性规定为技术发明及其市场收益提供了必要的制度保证，专利制度无疑是工业革命在英国率先兴起的关键因素之一。

2. 资本市场

伴随着贸易发展和产业革命，英国在 1802 年建立了伦敦证券交易所，到 18 世纪 70 年代，伦敦金融市场和专业的股票经纪人群体一同发展，一个位于伦敦心腹地带的，汇集银行、保险公司和其他金融服务机构的商业区兴起。日益发达的资本市场，为英国在 18 世纪的工业与贸易迅速发展提供了大量经常资本投资。特别是对在 1750～1800 年增长较快的运河和其他基础设施的投资起到很大作用。[①] 德国和美国的公司也在伦敦的资本市场筹措资金。当然，在 20 世纪也有许多人批评伦敦商业区主要为从事海外贸易企业服务，没有为本国的制造业者提供足够的金融服务。[②]

3. 在职学徒制

学徒制为英国工业化提供了大量熟练技术工人。例如，被称为"机械师养成所"的钟表业，在 18 世纪英国及其制造业工人的兴起和发展中曾起过重要的作用。手艺高超的钟表匠对英国早期的机械设计和制造做过重要贡献，在整个 19 世纪，钟表业通过学徒制成为机械制造和修理业中熟练工人的重要供给源。再以造船业为例，在英国海军所属各工厂的机械工实行 7 年学徒制，一般私营造船厂也要 5 年学徒才能出师。有些工厂办了技术夜校，帮助学徒和青年工人提高技术。当然我们也要看到，对学徒制这种传统手工业技艺及其传授方式的过分依靠，对正规技术教育的不重视，也导致技术保守主义，为后来英国工业被美国、德国等赶超埋下隐患。

（六）国际政策：技术（人才）和贸易政策

1. 工业化前期的技术（人才）吸引政策

在中世纪末期，法国、荷兰等国的手工业技术水平高于英国，拥有大量

---

① [英] 克利斯·弗里曼、罗克·苏特著，华宏勋、华宏慈等译：《工业创新经济学》，北京大学出版社，2004年，第 45－47 页。

② [美] 曼塞·布莱克福德著，锁箭译：《西方现代企业兴起》，经济管理出版社，2001 年，第 19 页。

的技术熟练工匠。但是不断发生的宗教战争，使大批新教徒遭到迫害，许多信奉新教的熟练工匠逃亡到英国避难。工业革命初期的许多技术发明主要是工匠们的经验结果，科学只是起了辅助作用。这些技术熟练的工匠涌入英国后，对于改良和革新英国的手工业技术起了很大作用。如英国棉纺织业就是1588年由荷兰技工引进的，到17世纪才在兰开夏建立生产中心，并成为工业革命的先驱产业部门。

尽管英国作为第一个进行工业革命的国家，可以引进和利用的外国先进技术不多，只能靠本国的发明创造为主，但对外国的先进技术还是采取尽量吸收的做法。例如，汽船、净棉机等是美国发明的，英国很快把这种先进技术引进过来，加以应用和推广；蒸汽机最早是法国物理学家巴本（Denis Papin）在1690年制成了试验性的蒸汽机，后来英国技师托马斯·塞维利（Thomas Savery）在1698年制成蒸汽水泵和纽可门（Thomas Newcomen）在1704年又加以改进制成矿井抽水机，最后瓦特总结了他们的经验，加上新的研究和试验，才在1769年制成现代意义上的单动式蒸汽机。

2. 产业革命后期的限制技术出口政策

为了保持产业技术的领先地位，率先完成产业革命的英国采取技术出口限制政策，规定将商业秘密私运国外要受到重罚。当然在利益驱动下总是有人采取各种形式将技术带出国门。如1789年塞缪尔·斯拉特（Samuel Slater）把阿克瑞特水轮纺机的秘密带去美国时，他登船时小心到不带一点图纸或文字材料，而是凭记忆记住全部，抵达美国后立即做了一台机器的复制品。20年后，佛朗西斯·路威尔（Francis Lowell）也是以同样的方式带出动力水轮纺机的秘密。[1] 1824年英国通过立法禁止熟练技术工人移民，1843年立法限制很多先进产业中的机械出口，包括模型和绘图以及工具和器具。[2]

3. 国际贸易政策：从贸易保护到自由贸易

在工业革命之前和初期，为满足工业生产的需要，英国实施"进口原料、出口制成品"的贸易保护政策，如禁止纺织品进口，禁止纺织机器出口；对原料以外的其他商品课以高额保护关税；奖励原料进口等。为此，不惜采取

---

① ［英］克利斯·弗里曼、罗克·苏特著，华宏勋、华宏慈等译：《工业创新经济学》，北京大学出版社，2004年，第59页。

② ［美］理查德·R.尼尔森编著，曾国屏等译：《国家（地区）创新体系比较分析》，知识产权出版社，2012年，第140页。

军事扩张以维护原料供应和国际市场地位。产业革命前，使大英帝国获得统一的最重要的政治机制是 1651 年议会通过的《航海法案》。该法案的目的是对大英帝国的贸易——事实上是整个经济——实施管制，实际上是确保殖民地原料供应的航海与外贸法令。该法案以牺牲竞争对手法国和西班牙的利益为代价，建立大英帝国的经济和军事强权。其中规定禁止在殖民地从事某些类型的制造业生产，因为殖民地被当作是英国工业的原材料基地和英国制造商品的市场。① 美国在独立之前作为英国的殖民地，英国禁止美国发展工业。18 世纪 70 年代，美国取得独立，开始发展工业。针对大量英国产品的输入严重打击美国工业的发展，美国政府采取保护关税等贸易保护政策。不断提高的关税税率引起英国的不满，1805 年英国对美国进行封锁，在海上搜捕美国商船。导致 1809 年美国与英国断绝通商，爆发第二次独立战争。

随着产业革命的完成，英国成为"世界工厂"，成为世界各国工业品的主要供应者，包括美国、德国在内，都在不同程度上依靠英国输入的技术装备，并向英国输出工业原料和粮食。凭借其技术和工业上的优势，英国开始放弃保护性关税，在对外贸易政策上转向自由贸易政策。而且随着以英国为中心的国际经济体系的确立，英国也把自由贸易政策推广到其他国家，使之成为国际社会占主流地位的对外贸易政策。19 世纪 20 年代，英国与各主要国家订立了互惠关税协定，降低了原料和工业品的进口税率，并取消了机器和其他工业品的出口禁令。1860 年，法国与英国签订英法商务条约（即《科伯登—谢瓦里埃条约》），使法国放弃高额关税政策，成为继英国之后的自由贸易国家。

二、德国：政府干预的改进模式

第二个具有典型意义的产业技术创新模式产生在德国（不是法国也不是

---

① ［美］曼塞·布莱克福德著，锁箭译：《西方现代企业兴起》，经济管理出版社，2001 年，第 4 页。

美国）①。作为新兴资本主义制度发展的后起之秀，德国在 19 世纪末和 20 世纪初短短几十年迅速实现从农业国向工业化国家的转型，而且在一些重要产业中成为领先者。在许多文献中，德国经常被视为利用后发优势实现赶超的范例。

整个 19 世纪，德国的政治改革和工业化的提倡者（主要来自德国资产阶级）与专制政治秩序的极力维护者之间的冲突一直在发生，工业发展的倡导者之一是 1817～1820 年在蒂宾根（Tubingen）大学担任政治经济学教授的弗里德里希·李斯特（Friedrich List），他因鼓吹德国统一，废除多邦关卡，而不容于当局，被迫辞职，后来（1925 年）只能逃亡美国寻求避难。李斯特把贸易保护作为工业落后国家建成工业先进国家的手段。

在德国快速崛起和工业化过程中，形成了对后来世界工业化进程影响至深、特色鲜明的产业技术创新体系和发展模式。

（一）国际环境及地位：急起直追的后来者

在欧洲国家中，无论在政治还是经济方面，德国都是一个后来者，德意志民族统一也经历了长达 900 多年的漫长历程。1517～1522 年，马丁·路德（Martin Luther）倡导的宗教改革是德意志民族意识觉醒的开始，新教改革所倡导的新教伦理也成为资本主义的精神内涵。17 世纪的 30 年战争（1618～1648 年）使德国人口减少了 1/3，导致统一步伐的减缓甚至倒退。1789 年，有超过 314 个独立的公国（邦），很多公国都有自己的法律、货币、重量和度量、赋税及关税。随着第一次工业革命向全球扩散，大批民族国家诞生。1834 年，普鲁士和其他德国各州形成了一个关税联盟，其他大部分州也都在 1867 年加入。1862 年，代表容克贵族②的俾斯麦（Otto Eduard Leopold von Bismarck）出任普鲁士首相，采取铁血政策推行统一计划，最终在 1871 年建立了以普鲁士王国为中心、君主立宪的德意志联邦国家。至此，德国才成为一个

---

① 法国在 19 世纪早期是世界科学中心，其工业化起步早，但进程相对缓慢。1789～1794 年的资产阶级革命，扫除了封建障碍，才促使资本主义工业迅速发展起来。19 世纪初，在波旁王朝和奥尔良王朝统治时期，法国开始了产业革命，也是从纺织部门采用机器开始而逐渐扩展到冶金、采矿和机器制造业的。法国在 19 世纪 60 年代末基本完成了产业革命（早于德国）。但由于长期以来小农经济居于优势，产业革命以后，其工业化程度落后于英国和美国，且很快被后起的德国超越。美国的原因在后文分析。

② 容克（Junker）是指以普鲁士为代表的德意志东部地区的贵族地主。在德国从封建社会向资本主义社会过渡时期容克地主长期垄断军政要职。1871 年普鲁士"自上而下"统一德意志，标志着容克资产阶级统治的最后形成，其代表人物是俾斯麦。

统一国家。

德国工业化发展迟于英国约半个多世纪，直到 19 世纪三四十年代，德国还是一个农业国。在工业化起步时，德国在几乎所有产业部门都是后来者。如在化学工业，英国直到 1870 年仍享有明显的竞争优势。1856 年，英国威廉·H. 铂金（William Henry Perkin）爵士发明了第一个化学合成染料（苯胺紫）及其生产工艺，而且英国拥有作为基本原料的煤以及染料生产的需求方——世界最大的纺织工业和消费者市场。在 1870 年，德国最重要的化学家基本都在英国公司工作，作为先驱者的英国染料制造商很快也支配了国际市场。在钢铁工业，英国也曾处于带头者位置。

在 1870 年至第一次世界大战之间的年代，在俾斯麦的领导下，德国采取了不少有利于工业化的经济政策，加上普法战争的胜利，为德国经济发展提供了矿产资源和资金来源，德国企业家也抓住了第二次工业革命的机会，使德国和美国一样，在工业产出方面迅速超过英国，在第二次工业革命的核心工业，如化学工业、电气工业等成为领先者。在短短 40 多年时间里，德国完成了工业化任务，建立起完整的工业体系。德国作为急起直追的后来者，以成功的赶超者形象站上世界舞台，成为欧洲头号的经济和政治强国。

（二）市场状况：欧洲最大的国内市场

在英国开始工业革命时，德国尚处在四分五裂的封建割据状态。由于英国纺织业在世界上的垄断地位，加上德意志内部容克贵族利益集团的阻挠，德国没有走出一条类似英国式的工业化道路，即通过纺织业走向制造业的机械化。因此，以铁路为代表的交通运输业成为德国工业化的先锋，德国工业化从一开始就进入铁路时代，铁路不仅是其工业化的产物，更是工业化的动力。蒸汽机和火车头的结合比纺织业更能迅速带动工业化的全面发展。这一发展路径对德国工业化及市场发展具有重要影响。到 1850 年，德国铁路的通车里程达 3000 英里，比同期的法国和奥地利多得多。德国统一后，进一步促进了铁路网络的一体化进程。迅速增长的铁路网不断延伸市场空间，为统一市场发展奠定了坚实的基础。1871 年，普法战争胜利使德国最后完成政治上的统一，为全国性统一市场的发展铺平了道路。新德意志国土面积为 267339 平方英里，比英帝国（包括整个爱尔兰在内）的两倍还大，英帝国的面积仅略大于 12 万平方英里。1871 年，德国人口为 4106 万人，远多于英国（包括爱尔兰）的 3150 万人口，几乎等于美国的人口数 4090 万人。[①]

在 19 世纪 70 年代末，德国基本上完成了产业革命，工业化程度达到了足以与英、法匹敌的地位。到 1880 年左右，德国已经成为欧洲最大的国内市场，而且越来越多地夺取了英国的国际市场甚至英国的国内市场。

（三）主要产业：化学、电气和机械制造

德国工业化从一开始就进入铁路时代，钢铁、煤炭和机器制造等重工业获得较大发展，而起步于 19 世纪 60 年代的合成染料的研发和生产的化学制造业则最终成为德国最伟大的工业成就。

1. 化学工业

德国在染料、医药、电化学、化肥、煤氢化等化学工业的主要方面都处在欧洲和世界领先地位。

为纺织产业提供漂白和染料等服务是化学工业的重要发展路径，其中人工合成染料的发明和生产最关键。一直到 19 世纪中叶，德国都远远落后于英国和比利时。19 世纪 60 年代创立的巴斯夫（BASF）、赫斯特（Hoechst）、拜耳（Bayer）等德国公司率先在合成染料领域取得技术突破和商业领先。也正是在德国的合成染料产业中，科学研究第一次成为与生产相分离的持续的公司职能。拜尔公司是由染料商人和染坊创办的，开始一直落后于其他竞争者，后来雇佣了化学家卡尔·杜伊斯堡（Carl Duisberg），合成出一种新的染料使公司处于新的商业起点，他后来也成为公司的领导人和德国工业联合会主席。到 1913 年，德国生产了世界上大概 3/4～4/5 的合成染料，占全世界出口额的 90%。德国主要企业的生产约有 15% 在国外进行。[②]

19 世纪 80 年代，德国化学家和药学家发现，染料的中间体、肥料和副产品可以制药。德国一些合成染料企业开始药物研发，最早研发出来的化学药物是氯仿和乙醚，即可以用于外科手术的化学麻醉剂。1886 年，拜耳公司的科学家研制出消炎药——非那西汀，1888 年投入商业化生产。1897 年，拜耳公司的科学家研发出乙酰基水杨酸，即阿司匹林。赫斯特公司和巴斯夫公司也涉足化学药物的研制，采用煤焦油原材料和中间体以及从染料生产中获得的

①② ［美］理查德·R. 尼尔森编著，曾国屏等译：《国家（地区）创新体系比较分析》，知识产权出版社，2012 年，第 476 页、第 152－153 页。

技术知识，开发出多种多样的药品，如治疗白喉和其他传染病的血清制品、疫苗类药、去痛片类药品等。德国领军企业在新型合成药品领域成为世界领导者。① 在19世纪的后1/3阶段，制药产业的技术创新大规模吸收了大学医药和生物研究的成果。到1913年，德国已经是药剂的最大出口国，占全世界出口比例的30.3%，远远超过英国（21.3%）、美国（13%）和法国（11.9%）。②

20世纪初期，德国化学工业的另一个研发重点是合成氨。合成氨研究的最大贡献者是化学家弗里茨·哈伯（Fritz Haber），1901年他开始着手合成氨研究，1909年取得重大进展，其合成氨试验装置每小时可以生产80克合成氨。他的研究得到巴斯夫公司的大力支持，该公司组建了180多名化学家和1000多名助手的研究队伍协助哈伯，终于发现了大规模生产合成氨的办法。1913年巴斯夫公司建成了世界第一座合成氨工厂，年产量9000吨。第一次世界大战期间，合成氨主要用于制造炸药。"一战"后，英、美、法等国获取了德国的合成氨专利和技术，竞相建设合成氨工厂。第二次世界大战后，合成氨工业转向民用，主要生产化肥。③

到1913年，德国化学工业占据了世界24%的产量，而美国占到35%、英国21%、法国9%。约有35%的德国国内生产用于出口，德国占据了世界出口27%的份额，英国为16%，法国和美国各10%。虽然化学工业的发展部分得益于其他地理条件（德国在那时实际上有着碳酸钾方面的垄断），但是染料、合成纤维和制药等产业都证明，以国家教育和科研系统为基础的技术创新，是德国成为世界化工工业出口市场领导者的重要因素，1897年德国产业中约雇佣了3000名化学家。④

2. 电气工业

随着19世纪后期电气化时代的来临，德国的电气工程制造业迅速发展起来。德国电气制造业主要集中在电动机制造、电气工厂建设、电力照明系统安装和电车制造等领域。德国领军企业是由炮兵军官沃纳·V. 西门子（Werner Von Siemens）和机械师哈尔斯（J. G. Halske）于1847年所创办的西门

① 巫云仙：《德国企业史》，社会科学文献出版社，2013年，第80页。
② ［美］理查德·R. 尼尔森编著，曾国屏等译：《国家（地区）创新体系比较分析》，知识产权出版社，2012年，第152页。
③ 刘立：《德国化学工业的兴起》，山西教育出版社，2008年，第152页。
④ ［美］理查德·R. 尼尔森编著，曾国屏等译：《国家（地区）创新体系比较分析》，知识产权出版社，2012年，第153页。

子—哈尔斯公司。西门子 1866 年发明的电动原理开启了电能使用的新领域，并改变了产业与科学的关系，西门子和哈尔斯雇佣了 1872 年大学培养出的第一批物理学家。另一个主要公司 AEG 公司是 1893 年基于爱迪生对德国的专利许可而建立的。由舒克尔特（Johann Siegmund Schuckert）创办的第三大公司于 1903 年与西门子公司合并，舒克尔特曾在美国和爱迪生一起工作过。到 1896 年，德国已经有 39 家公司制造各种电气设备。到 1913 年，德国已经确立了电气产品出口大国的地位。在当时的世界市场上，德国拥有 34.9% 的份额，相比美国占 28.9%、英国占 16.0%。约有 25% 的德国生产用于出口，占据世界出口的 46%，随后是英国占 22%、美国占 15.7%。[①]

电气工业发展的另一个重要作用，是极大地改善了德国工业领域动力分布不均的状况，尤其在第一次工业革命中因缺乏煤矿资源而动力不足的德国中南部地区，可以凭借丰富的水力资源，利用水能发电来解决动力问题，使莱茵河畔的法兰克福、纽伦堡等地成为德国经济新增长点。同时，电力技术的发展使许多传统产业得到改造，一批新技术应运而生，从而进一步推动了德国的工业化进程。

3. 机械制造业

德国的机械制造业经历了从机车和机床，到农用机械和办公设备，再到电力机械的发展道路。特别是在电力机械生产领域，德国成为领先者。

19 世纪的铁路建设对德国机器工程制造业的发展起到直接的促进作用。19 世纪 40 年代，德国有了制造纺纱机、蒸汽机和轧制铁轨的工厂。不久制造重点转向蒸汽机车制造业。但直到 19 世纪中叶，德国的机器制造业才在包括蒸汽机车等一些机械制造领域摆脱了英国技术的束缚。在很多领域，英国和美国的公司在 19 世纪末之前都处于技术领先地位，德国只是在印刷机等新发明的基础上建立了一些新公司。1882 年的世界博览会上，德国展出的机器已经可以与英国相媲美。1883 年，德国由机器进口国转变为机器出口国。德国制造的机车、火车头、铁轨不仅满足本国需求，还出口到俄国，德国的机器制造业赶超英国，居欧洲第一位。

直到 19 世纪末，当电力开创了机器制造的新形式并改变了很多传统机械

---

① ［美］理查德·R. 尼尔森编著，曾国屏等译：《国家（地区）创新体系比较分析》，知识产权出版社，2012 年，第 156 页。

的设计和制造，德国公司才攀升成为新领域的技术领先者。到 1913 年，德国占据了世界上 27% 的机械生产。约 26% 的国内生产用于出口，占据世界出口份额的 29% ，相比英国是 28%、美国是 27%。

内燃机和汽车交通产业为机器制造产业提供了新的商业空间。奥托（Otto）、迪赛（Diesel）、戴姆勒（Daimler）、奔驰（Benz）和博世（Bosch）等的发明，使德国公司成为早期的技术领先者，但却没有转化为商业领先者。进入 20 世纪，应用内燃机的汽车交通工具才实现了真正意义上的规模生产，此时的世界领先者是法国和美国。[①]

（四）创新主体：企业家 + 科学家/工程师 + R&D 机构 + 大学

德国产业技术创新的突出特点之一是创新主体的现代化，科学家/工程师、企业/公共 R&D 机构、研究型大学/技术学院成为产业技术创新体系中的主角。最突出的是化学工业，世界化学工业最早设立的企业研发机构和公共研发机构都在德国。高度组织化的研究开发使得德国开创的化工产业技术创新体系，成为人类第一个现代意义上的产业技术创新体系。

1. 企业 R&D 机构

企业 R&D 机构，也称为工业实验室。据有关专家考证，最早的企业 R&D 机构可以追溯到 1775 年法国化学家拉瓦锡（A. L. Lavoisier）在炮兵工厂中设立的实验室，但真正兴起于德国。1826 年默克在达姆斯塔特（Darmstadt）的一家工厂设立了实验室，1862 年克虏伯在自己的钢铁厂设立了化学实验室，1865 年巴斯夫公司建立了实验室，1882 年西门子在企业里建立了实验室，1891 年拜耳公司建立了实验室。以 1900 年为界，第一波企业 R&D 机构或工业实验室的发展以德国最突出。[②]

2. 公共 R&D 机构

在 18 世纪，德国的很多州都设立了科学研究院，如柏林科学院，主要开展科学研究。19 世纪后期，中央政府和各州支持设立了一批公共研究机构，有些具有军事目的，有些定位公共任务（如公共健康或安全规制），也有些支持产业部门的技术创新。例如，1887 年成立的物理技术皇家学会，就是由中

①　［美］理查德·R. 尼尔森编著，曾国屏等译：《国家（地区）创新体系比较分析》，知识产权出版社，2012 年，第 156 页。

②　赵克：《工业实验室的社会运行》，复旦大学出版社，2008 年，第 126 – 127 页。

央政府支持，从事标准和测量、精密仪器开发以及此类领域中的基础研究工作。创办该组织的动机来自科学家和实业家，其中西门子在设备方面提供了一笔捐赠。到1913年，学会总人数达到139人，其中50名是经过学术训练的科学家和工程师。之后化学工业提出成立化学技术皇家学会，这个计划也成为阿尔特霍夫（FriedrichAlthoff）[1] 在大学以外建立一系列专业研究机构以补充大学在基础和应用研究领域研究能力计划的一部分。1911年凯泽·威廉学会（Kaiser–wihelm Society）创立，除了国家在不动产、学会管理人员工资以及某些情况下的进一步财政支持外，来自产业的资助是学会的重要收入来源。世纪之交，数十个这类科学研究机构被建立起来。[2] 这些公共R&D机构是具有很强使命导向的基础研究机构，其研究比企业R&D机构更具有长期性，相对于大学的研究会更快得到应用。[3]

3. 研究型大学和技术学院

德国的研究型大学和技术学院对产业技术创新起到重要作用。德国现代大学的起源一般认为是1809年/1810年柏林大学的建立。洪堡（Wilhelm Von Humbouldt）、费希特（Johann Gottlieb Fichte）和施莱尔马赫（Friedrich Schleiermacher）等人提出新型大学理念，即倡导学术自由，传授知识与创造知识相统一，为研究型大学奠定了理论基础。到19世纪中期，研究定位已经在德国大学中被稳固地建立起来。德国大学的研究水平不断提升，在某些领域（如医学、化学和物理）甚至向世界领先地位攀升。到19世纪末，德国的研究型大学已经成为科学技术领域研究和学术中心，对产业研究的发展尤其是化学工业的研究起了相当重要的作用，如大学教授为企业的研究提供咨询，大学实验室为企业研究实验室在创立初期的科学实验提供场所。同时，大学也为工业领域提供了更多的技术和管理人才。例如，到19世纪70年代，德国在有机化学方面拥有近30所大学和技术学院，在培养化学行业的工程师和技术人员方面发挥了关键作用。[4]

---

① 1882~1907年，阿尔特霍夫是普鲁士文化部主管高校的官员，对普鲁士乃至整个德国的大学和科学研究体系发挥了重要影响，被称为"普鲁士大学的俾斯麦"。他推动普鲁士大学进行了一些改革。一些国家研究机构建立起来。他还是凯泽·威廉学会的最早发起者，该协会1948年更名为马普学会（Max–Planck Society）。这些改革措施被后人称为"阿尔特霍夫体系"。

② ［美］理查德·R.尼尔森编著，曾国屏等译：《国家（地区）创新体系比较分析》，知识产权出版社，2012年，第148－149页。

③④ ［挪］詹·法格博格、［美］戴维·莫利、［美］理查德·纳尔逊主编，柳卸林等译：《牛津创新手册》，知识产权出版社，2009年，第354、355页。

（五）政府/制度：专利制度、全能银行、教育系统

伴随着产业技术创新发展，德国在专利制度、金融体系、教育系统等方面形成了自己的特色。而且作为后来者，政府的干预作用明显增加。政府大量投资于铁路、教育、公共 R&D 等基础设施。

1. 专利制度

1874 年，西门子倡导创立了德国专利保护协会。1877 年，德国通过了第一部国家专利法，基本上是仿效法国、英国和其他国家已经公布的专利法。德国专利法对知识产权保护力度的加强有利于鼓励企业增加对研发投资。很多德国化工企业在专利法颁布后，开始设立内部 R&D 实验室。但由于德国大型工业研究人员的创新能力大大超过其他欧洲国家，因而他们更得益于其他国家的专利法，而不是本国的专利法。

2. 全能银行

1870 年建立的德意志银行、1872 年建立的德累斯顿银行等全能银行是铁路建设带给德国工业的最重要的制度创新之一，对德国工业发展具有重要意义。集投资银行、商业银行和储蓄银行的功能于一体的这些全能银行，既为德国企业提供了资本，也向它们提供经营管理建议，乃至参与高层决策。在 1884 年德国公司法变更后，银行家经常占据着重工业公司监事会的席位，在"一战"前尤其如此。全能银行因为控制着许多企业的股票，并且代表许多购买证券的投资者投票，所以具备较强的法律和行政手段来监督企业的内部审计、会计程序和外部融资等。相比之下，德国证券市场的发展无法与英国、美国媲美，与伦敦、纽约的资本市场相比，在柏林、法兰克福和科隆的资本市场上的资金提供者更少、更小。

3. 研究型大学和职业技术教育

德国事实上是一个联邦国家，中央政府仅对州的少部分职能负责，其主要职责是外交政策和国防，教育系统属于各联邦州的管辖范围。伴随着研究型大学的发展，职业技术教育也逐步发展并形成鲜明特色。19 世纪 20 年代早期，普鲁士在建立产业所需的技术人员的学员系统方面处于领先地位，包括 20 家本省的职业学院为工匠和工厂车间管理者提供 1 年期的全时课程，在省立学院以外，柏林的技术机构也为技术人员提供 2 年期的课程，帮助他们能够建立和管理工厂。德国大部分的州也迅速跟进建立工艺学院。职业学院通

过提供 1 年或更多预科课程的方式实现扩张，大多数逐步演变为普通教育中不同于传统德国中等学校的中等学校。工艺学院通过逐步改善教学质量，提高进入门槛，到 19 世纪 70 年代，其地位有了较大提升，与大学需要同等的入学资质，并被授予特定名称的硕士工程师学位。到 1899 年进一步争取到与大学同等地位，普鲁士国王决定以个人名义赋予普鲁士技术院校授予博士学位的权力，其他各州迅速响应。到 19 世纪末，学徒制也被重新建立起来，旨在为那些完成了正规学校教育（4 年制公立小学）的学生提供进一步教育的半时学校于 1897 年建立起来，并辅之以在公司和工艺车间的实践训练。一些公司也开始建立自己的学校，定向于专门的职业训练，并争取得到政府的核准。到 20 世纪初，德国已经建立起覆盖从初等学校到博士水平、研究型大学和职业技术教育并重的复杂教育系统，为产业技术创新提供强有力的科研支持和人力资源。在 1880 年前后，在数学和自然科学领域，德国大学教育的学生人数超过意大利的 2 倍、法国的 8 倍。在非大学教育机构中，德国培训了相当于意大利或法国 2 倍的学生。在 20 世纪头 10 年，约有 30000 名工程师从德国的学院或大学毕业，而美国只有 21000 人。相对于人口规模来看，德国约超过美国 2 倍。①

（六）国际政策：技术（人才）引进、贸易保护和军事扩张

1. 工业化前期的技术和人才引进政策

在 19 世纪的头 1/3 阶段，德国主要面向国外特别是英国和比利时寻求新机器和熟练技术工人，从而为其产业带来先进技术。德国的棉纺、毛纺和麻纺产业的新型机器、第一台蒸汽机以及第一台机车，都是从英国进口的。德国政府对购买国外机械提供财政支持，有时还将其作为示范对象。技术知识还通过德国的访问者获得，政府给予鼓励和财政支持，有时还采取产业间谍的方式。②

在化学工业发展初期，由于德国是后来者，19 世纪 60 年代，借助专利法的缺失，德国大量模仿英国和法国的生产工艺，一大批合成染料公司相继成立。赫斯特、拜耳、巴斯夫等德国化学工业领军企业也是那一时期创办的，它们当时只是简单地追随和模仿。直到拜耳实验室成功合成茜素染料后才彻

①② ［美］理查德·R. 尼尔森编著，曾国屏等译：《国家（地区）创新体系比较分析》，知识产权出版社，2012年，第 140、141－148 页。

底结束了德国早期的模仿阶段。

2. 贸易保护政策

德国工业化期间采取贸易保护政策的理论基础来自李斯特。与亚当·斯密、大卫·李嘉图的古典政治经济理论不同，李斯特认为贸易政策应服从国家利益，服从发展生产力的需要。每个国家各有其发展的途径与特点，亚当·斯密建立的世界主义政治经济学，把自由贸易当作理想，实际是为英国利益服务。德国要建立国家政治经济学，以实行保护贸易为德国利益服务。李斯特的经济发展阶段说是其保护贸易的主要根据之一，他认为生产力落后国家实行保护贸易是促进生产力发展的重要途径之一。

李斯特认为，保护贸易政策的主要手段是关税和禁止输入。应根据不同类型的产品制定不同的关税税率。对在国内生产比较方便又供普遍消费的产品，可以征收较高的关税；对在国内生产比较困难、价值昂贵又容易走私的产品，税率应按程度逐级降低。为了促进本国工业的发展，在本国的专门技术和机器制造业还未获得高度发展时，就应对国外输入的一切复杂机器设备免税或征收较低的税率。成立关税同盟后，为扶植新兴工业的发展，德国实行高度贸易保护政策。随着德国工业迅速发展壮大，1860 年开始降低关税，1873 年以后保护关税被财政关税所替代。

3. 军事扩张争夺原料和市场

在铁血首相俾斯麦时期，通过德丹战争、普奥战争、普法战争等一系列军事扩张，来争夺原料和市场。如普法战争的胜利，不仅实现德国政治上的最终统一，而且按照 1871 年签署的《凡尔赛和约》和《法兰克福和约》，法国赔款 50 亿法郎，并割让阿尔萨斯—洛林的大部分地区。巨额的军事赔款和阿尔萨斯—洛林地区的丰富铁矿，为德国工业发展提供了巨额资金和丰富的矿产资源。

三、苏联：行政计划模式

第三个具有典型意义的产业技术创新模式产生在苏联，时间是 20 世纪上半叶。苏联建立后，确立了优先发展重工业的方针，在较短时间实现了工业化，建立起一个自足完整的工业体系。与先行者们以市场机制为主的模式不同，苏联尝试建立高度集中的计划经济体制，并形成了以政府行政计划管理主导产业技术创新的模式。

（一）国际环境及地位：生存压力巨大的后来者

1. 发展历程

在 16 世纪末以前，俄罗斯刚刚形成统一的中央集权国家，其国土面积与人口都很有限，领土面积仅 280 万平方公里，地处东北欧一角，与西伯利亚相距遥远。从 16 世纪中叶第一代沙皇到 20 世纪初的末代沙皇，不断地向外扩张领土。在欧洲，与瑞典进行了 21 年的北方战争（1700 ~ 1721 年），打败了拥有强大海军的瑞典，抢占了芬兰湾、卡累利阿、爱沙尼亚、拉脱维亚等波罗的海沿岸地区，夺得了波罗的海出海口，修建了彼得堡（1703 年），打开了通往西欧的"窗户"。女皇叶卡捷琳娜于 1768 ~ 1774 年和 1787 ~ 1791 年两次发动对土耳其的战争，夺得了从第聂伯河到德涅斯特河之间黑海北岸的大片领土，在南方地区有了出海口。1815 年亚历山大一世时期，沙俄打败拿破仑后，夺取了整个波兰。沙俄就此一跃而成为欧洲霸主。1853 ~ 1856 年，为向地中海突破，俄国与英法土之间爆发了克里米亚战争，结果俄国战败，被迫割地求和。俄国被打回原形，沦落为二等大国。

19 世纪中叶由于克里米亚战争而在欧洲扩张受阻后，沙皇政府把扩张重点转向亚洲，在中亚和远东进行拓展。先后征服了中亚诸汗国。19 世纪下半叶陆续与中国满清政府签订《瑷珲条约》、《北京条约》和《勘分西北界约记》，共夺取了 140 余万平方公里的土地，并在远东地区拥有了天然良港——符拉迪罗斯托克（海参崴）。1905 年日俄战争失利才阻止了俄国在远东的继续扩张。

至第一次世界大战爆发前，俄国已成为面积达 2280 万平方公里的大帝国。在第一次世界大战中，俄国被德国战败，最后投降并割让了西部 100 余万平方公里最好的土地。

1917 年"十月革命"后，从 1918 年初至 1920 年底，苏维埃俄国在国内出现了分裂以及外国武装势力支持的割据叛乱：南方有克拉斯诺夫和邓尼金的叛乱，在西北有尤登尼奇的叛乱，同时德国军队继续盘踞在乌克兰、白俄罗斯和波罗的海沿岸一带，东线还有"捷克斯洛伐克军团"的叛乱。从 1919 年始，协约国①又先后组织了三次以高尔察克、邓尼金、尤登尼奇为代理人，从东、南、西三面对苏俄中心莫斯科进攻的大规模武装干涉。苏维埃俄国在这次持续两年的大规模叛乱和外部干涉斗争中取得了胜利。1922 年苏联正式成立。

长达几百年的对外扩张，使沙皇时期的俄国与周边国家长期处在战争状态之中，这尤其体现在其不断争夺出海口的努力。"十月革命"后，又加上意识形态的不同，使得苏联面临着国际性"绞杀"。另外，苏联领土广阔，自然资源丰富，因而其外部扩张主要是争夺领土尤其是出海口，其单纯通过外部扩张来获取原材料和占领市场的动力不大，这与英国、德国等在工业化中通过外部扩张争夺原材料和市场的原因明显不同。总之，初生的苏联是一个面临巨大生存压力的后来者，同时拥有良好的资源禀赋，这直接影响到其工业化道路的选择。

2. 科技发展状况

俄罗斯重视科学技术始于彼得一世。18 世纪初，彼得一世致力于改造俄罗斯，实行"脱俄入欧"战略，力图尽快将俄罗斯强行拉入欧洲文明社会，为此迁都圣彼得堡，并从国外引进人才，创办科学院和学校，积极学习和引进欧洲科学技术。1725 年成立俄罗斯科学院的前身——彼得堡科学与艺术研究院，该院首批研究人员全部是外籍人士。1726 年彼得堡科学与艺术研究院开办了俄罗斯第一所国立大学。1755 年俄罗斯学者罗蒙诺索夫创办了莫斯科大学。

19 世纪，特别是亚历山大二世时期，废除了农奴制（1856 年），对军事、司法、管理、教育等进行改良，科学技术发展环境进一步改善。到 20 世纪初，俄罗斯在部分科学领域——数学、土壤学、生理学、天文学以及物理学、生物学、化学的一些方面——已经获得国际声誉。如 1904 年第一个获得诺贝尔奖的俄国人巴甫洛夫，还有数学家罗巴切夫斯基、化学家门捷耶夫等。第一次世界大战时，俄罗斯已有 10 所大学。在"十月革命"前，除了最先进的欧洲国家外，俄罗斯政府对基础研究的支持力度远比其他任何国家都大得多。

---

① 协约国是第一次世界大战中以英国，法国，沙皇俄国为主的国家联盟，还包括塞尔维亚，罗马尼亚。它与以德国、奥匈帝国为中心的同盟国集团形成了第一次世界大战的对立双方。"一战"中后期，美国、日本、中国等一些国家也先后加入协约国集团，俄国在"十月革命"爆发后退出战争。最终协约国赢得了第一次世界大战的胜利。

到 1914 年，俄罗斯共拥有 298 个科研机构，11600 名科研人员。全国已经建立了 65 所国立大学和 59 所非国立高等院校。1915 年，俄罗斯为赢得第一次世界大战，成立了由科学家、工程师、人文学者、军方代表、军工企业代表和政府官员组成的自然科学生产力研究委员会，是一个新型的集科研、财政、生产管理和军事为一体的联合体。该委员会统一领导军需供给、战略资源配置和制定国家科技政策。俄罗斯科研人员自觉服从委员会的领导。该委员会为日后苏联的"动员式"科技体制提供了样板和经验。"十月革命"前，俄罗斯已经建立了与欧洲其他国家水平相当的较完整的科学院体制和国民教育体制，形成了较稳定的科学家共同体和知识分子阶层。[①]

3. 工业化基础

19 世纪中期工业革命的世界性进程也对俄国工业化产生了重要影响。俄国纺织工业特别是棉纺工业率先使用机器生产，成为工业化的先导，带动了俄国整个工业部门从手工劳动向机器生产迈进。刚刚起步的铁路建设、航运发展以及纺织业发展对机器需求的增长，促使机器制造业开始发展起来。俄国在克里米亚战争中惨败，使其于 1861 年废除了严重阻碍社会经济进步的农奴制，引起俄国工业生产技术和生产组织的进一步改观，为工业化发展铺平道路。到 20 世纪初，俄国工业化的技术和物质基础基本形成。

铁路建设形成规模，为工业生产尤其是重工业发展提供了基础。1893～1900 年，新修了 150 条铁路，长度达 22000 俄里，占俄国铁路总长度的 40%。兴建铁路使得边远地区也被卷进工业化发展进程。1898 年铁路网将欧俄和外高加索的 64 省、芬兰 8 省、亚洲部分 7 省连接起来，加强了各地区间的经济联系。

冶金工业的生产能力迅速赶上世界先进水平。南方工业区在动力方面采用全新的工艺流程，既扩大了生产规模，又保证了冶金业生产过程的连续性。如 1890 年乌拉尔冶金工厂烧木炭、靠手工劳动的旧式高炉，年产铁 26 万普特；1900 年南俄冶金工厂使用矿物燃料的新式高炉，年产铁 250 万普特。南俄冶金工厂平均劳动生产率比乌拉尔高 6 倍。从 1890～1900 年整个俄国的冶金业看，蒸汽动力迅速增长，到 1900 年，蒸汽动力占 89%，而水动力只占 11%。

大机器工业发展带动了燃料工业（煤和石油）的发展。19 世纪 90 年代俄

---

① 阎康年、姚立澄：《国外著名科研院所的历史经验和借鉴研究》，科学出版社，2012 年，第 60－61 页。

国采煤量增加近3倍，顿涅茨矿区向全国提供了70%的煤炭，90年代新建90个机械化矿井的采煤量占该矿区产量的80%。石油生产也获得大发展。石油作为工业燃料后，需求量增长快速，刺激了巴库地区石油工业的发展，该地区的石油产量占全国石油产量的95%以上。1893~1900年用于国内蒸汽机的石油燃料需求量增长了150%。90年代初矿物燃料占铁路运输燃料的74%，占工业燃料的60%。①

尽管1880~1914年，沙皇俄国的经济迅速增长，但直到1914年，俄国与西方工业化国家相比仍是相当落后的国家，工业产品只占世界工业产量的2.46%。如果按人口平均计算，当时俄国的工业产品产量和西班牙差不多。俄国在经济技术上严重依赖西方发达国家，工业化需要的大量机械设备仍要从国外输入。

总之，苏联建立时，由于历史上长期持续对外扩张和意识形态的不同，是一个面临巨大生存压力的后来者，同时拥有丰富的资源，并具备一定的科学技术和工业化基础。这直接影响到其工业化道路的选择以及产业技术创新模式的探索。

（二）主要产业：军工—重工、基本消费品

20世纪20年代初期，苏联政府明确提出工业化从重工业开始，并从发展重工业的核心，即机器制造业开始。按照优先发展重工业的方针，航空工业和发动机、拖拉机、汽车制造、煤矿开采、冶金等工业率先获得极大发展。而消费品工业只有在其他优先发展部门都得到满足后再加以考虑。尽管之后不同时期强调的重点有所变化，但这一做法一直持续到20世纪80年代末，成为苏联工业化的突出特点。

1. 军事工业—重工业

20世纪30年代初期，苏联政府提出"苏联是世界科学的中心"的口号，希望迅速提高苏联的整体科技水平，领导世界科学发展。采取的主要措施包括：加大对军事科研和军工生产的管理，加强科学院与军事科研的关系，开始研制火箭，启动原子能计划等。第一个五年计划期间（1928~1932年），成立了许多重工业和国防工业管理委员会。每个委员会领导若干研发新式武器

---

① 张广翔：《论19世纪俄国工业蒸汽动力发展历程及其工业革命特点》，《求是学刊》1990年第4期。

和军事技术的研究所。每个国防企业中都建有实验室和检验部门。后来苏联政府又将 9 个专门研究国防工业和军事技术及其生产问题的研究所归入苏联科学院系统。科学院的工程分部、物理数学分部和化学分部所属的所有研究所都参与国防科研工作，按照军事技术订单进行研发。苏联科学院的科学家们也成为国防委员会项目的核心人物。1936～1941 年的"大清洗"运动使苏联学术界几乎陷于瘫痪，但与军工生产相关的科研仍在进行，一些科研机构以特殊的形式——"古拉格"和"沙拉什卡"也发挥着作用。如飞机设计师图波列夫就是被关在"沙拉什卡"中为国家设计了多种新式战斗机和新式战舰。在这种特殊科研生产管理体制下，第二次世界大战前，苏联的科研人员为国家开发出许多先进的武器设备，如 T-34 坦克（1939 年设计）、布姆-13 喀秋莎炮（1940 年设计）、高尔基号巡洋舰（1940 年出厂）、伊尔-2 强击机（1941 年出厂）。

1943 年，国家国防委员会开始实施原子能计划，组建了由库尔恰托夫领导的专业实验室。1945 年，由贝利亚主持协调所有的科研生产（包括核工业的建设），形成了科学共同体和军工企业的新型联合模式——星罗棋布的对外保密的科学城。这些科学城由科研项目的领导人和军工企业的负责人共同指挥。科学城领导人之间形成更密切的关系。他们常常身兼数职：科学院院士、军工企业负责人、政府官员。原子能计划的领导人库尔恰托夫，火箭总设计师科罗廖夫，宇航计划领导人、当时的苏联科学院主席团主席克尔德什是其中的代表人物。由于这三人姓氏的第一个字母都是 K，被称为"三 K 帮"。①

20 世纪 40 年代初，苏联决定开发和利用原子能以及火箭制造与发射技术，为此集中了大量的优秀科学家和工程技术人员。这为战后 50 年代成功研制原子弹和 60 年代宇航工业发展奠定了技术和工业基础。"二战"期间，苏联科研工作进一步转向为军事工业服务。国家科研项目按照战争需要进行全面调整，民用工业转为军事工业，大力提高军需物资工业的生产率、设计和完善武器系统等。结果是国防工业很快处于世界领先水平。军事装备不断更新，坦克、飞机、军舰、潜艇等的设计和技术不断提高。在战争期间创立的科研机构总计 240 个。战后，科研工作方向进行调整，但仍保持对国防工业的

① 阎康年、姚立澄：《国外著名科研院所的历史经验和借鉴研究》，科学出版社，2012 年，第 62－64、66－67 页。

高度重视。在原来基础上大力发展电子、宇航、核能等技术。

2. 钢铁工业

沙皇俄国早在 17 世纪 30 年代就在中央区开始建立钢铁工业。18 世纪，沙皇为了增强军事实力，开始在乌拉尔地区发展炼铁工业。从 18 世纪 30 年代到 19 世纪初，俄国的炼铁生产一直居世界首位。后来受农奴制度的束缚以及技术更新速度缓慢等因素影响，19 世纪上半叶，俄国钢铁工业的发展缓慢。1861 年农奴制废除后，俄国钢铁工业发展速度加快。随着俄国南部乌克兰顿巴斯的煤矿与克里沃罗格的铁矿的大规模开发，铁路、车辆以及其他工业发展对钢铁需求的增加，俄国钢铁工业加快发展。到 20 世纪初，乌克兰拥有 17 座较大的钢铁厂，成为俄国的主要生产基地，1913 年是沙皇俄国钢铁产量最高的年份，但低于美国、德国和英国，居世界第四位。

第一次世界大战爆发后，俄国钢铁工业发展受到影响，钢铁产量连续下降。"十月革命"胜利以后，国内叛乱和外国武装干涉，使得苏联钢铁工业受到严重破坏。在实行新的经济政策后，苏联钢铁工业迅速恢复，1927 年钢产量为 358.8 万吨，但仍未达到"十月革命"前的最高年产水平。自 1928 年苏联经过战前三个"五年计划"，奠定了钢铁工业的基础。卫国战争前的 1940 年，苏联钢产量达到 1831 万吨，仅次于美国和联邦德国，居世界第三位。[①]

卫国战争时期，苏联钢铁工业遭受严重破坏，一些钢铁生产设备和人员迁移至乌拉尔、西西伯利亚等地区，因此这两个地区的钢铁工业得到大力发展，为卫国战争的胜利起到了重要的支撑作用。1946 年开始执行国民经济发展第四个五年计划，钢铁工业进入稳步发展新阶段。到 1971 年苏联钢产量超过美国，位居世界首位。1990 年苏联钢产量高达 1.539 亿吨，仍居世界第一位。1991 年苏联解体后，钢产量逐年下降，至 1995 年独联体钢产量下降至 7851.8 万吨。[②]

3. 基本消费品

在重工业化达到较高水平后，苏联消费品工业也取得一定成绩。1960 年，家庭电视机拥有量为 8%，到 1975 年达到 74%；1960～1970 年，电冰箱家庭拥有量从 4% 增至 61%、洗衣机从 4% 增至 65%、吸尘器从 3% 增至 18%、缝

---

① 冶金工业规划研究院：《卫国战争前苏联钢铁工业的发展》，《冶金史话》2016 年第 145 期。
② 冶金工业规划研究院：《卫国战争后苏联钢铁工业的发展》，《冶金史话》2016 年第 146 期。

纫机从39%增至61%、汽车从0.6%增至8%。这些消费品主要是规模化生产的标准化产品，只能满足消费者的基本需求。[①]

到20世纪80年代初，苏联的石油、钢铁、水泥、机床等基本工业品的产量居世界前列，但为世界市场提供的优质产品很少。尤其在计算机、生物技术等许多新兴领域，明显落后于其他工业化国家。

（三）创新主体：计划管理部门＋国有企业＋国有 R&D 机构

1. "动员式"科研管理运行模式

第二次世界大战期间，苏联政府与科学界在战争"动员"下建立了"管理—科研—生产"的一体化系统。为了协调科学界和国防工业的关系，在国防委员会下设科技委员会。所有部委都成立了由苏联科学院院士主持的学术委员会，苏联科学院的一些科学家担任各部委（如黑色金属工业委员会、电力工业委员会、电站委员会、健康委员会）的副主任。苏联的核工业体系和宇航工业体系等大型科研生产管理体系都依赖于这一"动员式"模式的有效运作。在"动员式"模式中，苏联科学院的科学家起了重要作用。[②]

2. 国有企业

在计划经济体制下，国有企业主要功能是生产，没有自主决策权，不能自己决定生产什么、生产多少、产品价格、投资、工资、供应商和购买者，这些功能都集中到政府工业管理部门，企业所采用技术和装备由政府部门决定。苏联政府部门遵循规模经济要求，建立了一批在欧洲甚至世界上最大的、技术先进的工厂，如莫斯科和高尔基（Gorky）的摩托车厂、斯大林格勒拖拉机厂、乌拉尔（Urals）重工厂等。这些工厂生产了大量的机械工具、印刷机、拖拉机，提升了苏联工业的总体技术水平。

3. 国有 R&D 机构

苏联认为西方科技体制存在过于分散的弊病，每个企业独立搞研发，由于保护商业秘密，导致企业之间技术封锁、重复浪费、效率低下。加之缺乏统一规划，政府支持力度不够。这是资本主义制度下的巨大浪费，应该由国

---

① ［美］A. D. 钱德勒主编，柳卸林等译：《大企业和国民财富》，北京大学出版社，2004年，第431–432页。

② 俄罗斯科技史学家科尔钦斯基通过对俄罗斯科学院在第一次世界大战时期和苏联科学院在第二次世界大战时期的特殊作用的研究，首次提出"动员式"科学模式概念。参阅阎康年、姚立澄：《国外著名科研院所的历史经验和借鉴研究》，科学出版社，2012年，第65–66页。

家和政府集中资源搞研发，成果交给所有企业使用。1926 年苏联科学院常设秘书奥尔登堡第二次考察德、法、英等国的科研机构后，向政府建议，如果18 世纪是科学院的世纪，19 世纪是大学的世纪，那么 20 世纪正在成为研究所的世纪。为此，苏联政府将研究所作为科研工作的重要组织载体。①

苏联的科学技术研究机构分为三个系统：科学院系统（包括苏联科学院、加盟共和国科学院、专业科学院）、各工业部门研究系统和高等院校研究系统。工业部门研究机构主要从事应用研究和发展研究，也参与一些基础研究；科学院和高校研究系统主要从事基础研究，也承担一些中间试验和小批量生产，为工业部门服务。据 1981 年的统计，苏联有 5300 多个科学机构，870 所高等院校，还有 1 万多个设计机构和 1.2 万个科技情报机构。科研人员 141 万人，占世界科研人员总数的 1/4，另有 400 多万名工程技术人员，高校教师 38 万人。其中，工业部门研究机构约有 1300 个，占全国科学机构总数的24.5%。科学院系统共有科研机构 846 个（含 5 个专业科学院的 234 个科研机构），占全国科学机构总数的 16%。②

为了推动科研和生产的衔接，苏联政府也探索科技体制改革。主要包括：一是科研生产联合公司，将原隶属各工业部门的研究所、设计部门、试验基地等下放生产企业，建立包括科研、设计、试验、生产等环节于一体的联合公司。1975 年 12 月苏共中央和苏联部长会议通过《科研生产联合公司条例》，规定各成员单位加入联合公司后失去法人资格，联合公司实行统一计划、统一经济核算。到 1980 年全国已经建立 200 多个这类联合公司。二是跨部门的科研综合体。以权威性主体研究所为主，联合各相关部门的科研、设计、工艺、试验、生产等单位，从事重大科技项目联合攻关。在苏联"十一五"计划（1981~1985 年）中，许多从科研到生产的"一揽子"项目就是由这类联合体承担的。三是科学院的科技联合体，以科学院的研究所为主，吸收有关工业部门的企业组成。四是以高校为主，与工业部门研究所、设计部门、生产企业（或联合公司）等结成的科研生产联合体。通过上述形式，一定程度上缓解了科研和生产的严重脱节，但由于原有的计划经济体制和科技体制没有根本触及，无法解决根本问题。

① 陈新明：《政府在苏联科技进步中的作用》，《东欧中亚研究》2000 年第 6 期。
② 刘泽芬：《苏联的科技体制特点与科技政策》，《管理世界》1985 年第 3 期。

（四）政府/制度：国有体制和行政计划管理

苏联的科技体制同其经济体制相同，都是采取集中决策和计划管理。所有企业和机构都是国有的，靠行政计划管理。就一个工业部门而言，采取垂直层级管理，部是决策层，厅局是职能层，企业和研究机构是执行层。权力集中在上面，基层的企业和研究机构的自主权很小或无权。此外，不设立专利制度和资本市场，政府设立科技奖励制度，重点通过精神手段加以激励。

这种集中领导的体制，可以迅速调配资源，集中力量攻克技术难题，有利于国家优先任务，如建设大型水电站、研制原子武器、实施空间计划等。但对消费品工业等，明显支持不力。

苏联模式的最大缺陷是否定市场机制的作用，无法形成企业家群体，导致科研与产业分离严重。20 世纪 20 年代，围绕科研与工业生产的关系，苏联政府出现一场争论：以皮达可夫为代表的一派，认为科研要为工业生产服务，研究所要以"属地原则"直接隶属于工业企业；以捷尔任斯基为代表的一派，认为科研要服务于工业生产，但决不能让研究所隶属于工业企业或托拉斯，研究所的目标和兴趣必须同整个国家联系起来。研究所隶属于企业，过于分散，形不成力量。政府采纳了捷尔任斯基一派的意见，建立起科研和工业相分离的组织体系。20 世纪 50 年代中期，又一次爆发关于科研和工业的政策争论，之后将科学院一半专门从事工业研究的研究所转给工业部门。1956 年还专门建立了国家科学技术委员会，与科学院分工，专门负责技术政策和技术转让。[①]

（五）国际政策：引进国外技术和军备竞赛

1. 引进国外技术和设备

苏联自建国起，就非常重视引进国外技术。列宁在"十月革命"后提出"经济上极力利用、加紧利用和迅速利用西方"的方针。苏联多次利用西方经济危机，如 20 世纪二三十年代，50 年代末 60 年代初，从美国等发达国家大量引进成套设备和技术。20 世纪 70 年代中期，苏联从西方国家引进技术设备达到高潮，仅 1975 年从西方发达国家购买机器设备的费用就达 36 亿卢布。这是苏联科技和产业技术进步较快的重要原因之一。据美国的苏联问题专家列文教授

---

①　陈新明：《政府在苏联科技进步中的作用》，《东欧中亚研究》2000 年第 6 期。

估计，苏联在20世纪70年代经济增长率的1.2%是靠引进西方技术获得的。①

苏联引进技术的方式包括：一是签订长期经济合作协定，如1978年苏联同联邦德国签订为期25年的经济和工业合作协定；二是进口成套设备，苏联"九五计划"期间（1971~1975年），从西方国家进口100亿卢布的成套设备，"十五计划"期间（1976~1980年）进口达226亿卢布；三是补偿贸易，1977年苏联已同西方国家签订60项补偿贸易，补偿贷款总额达130亿美元；四是多边合作和科技一体化，这是苏联与经互会国家进行科技合作的主要形式。20世纪70年代初，苏联与经互会国家联合制订了科技合作纲要计划，并制定了为期10~15年的多边长期专项协作纲要计划。协作覆盖从科研到生产、销售等。②

2. 军备竞赛

冷战时期，苏联与美国进行了高强度的军备竞赛。最典型的就是美国星球大战计划及其对苏联的巨大影响。1983年3月，美国总统里根首次公开提出战略防御计划（即星球大战计划），该计划是在苏联核导弹攻击美国领土前，直接从卫星发射激光、微波、粒子光束、抛射光束等来摧毁苏联导弹。该计划需要大量增加反导弹科研经费，预计将耗资8000万到1万亿美元。苏联政府对此反应强烈，决定立刻着手研制反"星球大战"的方法，并在短短的几年内为此耗资上千亿美元。1993年5月，美国宣布"星球大战时代"结束，放弃在空间建立反导弹防御系统的计划。苏联为了赢得军备竞赛，集中财富、科技、人力等资源，畸形发展国防军事工业，加剧了国民经济结构和产业结构的比例失调。

上述英国、德国、苏联三种模式，可以称为产业技术创新最基本的国家模式，其他国家的产业技术创新体系都是在这些基本模式的基础上演化而来的。

四、美国：战前的特殊发展模式

美国是人类历史上最大的工业化国家。1812~1814年的英美战争后，美

---

① 金挥：《苏联科技政策的调整和科技体制改革》，《中国科技论坛》1989年第1期。
② 刘泽芬：《苏联的科技体制特点与科技政策》，《管理世界》1985年第3期。

国走上独立工业化的发展道路。19 世纪 60 年代，南北战争推翻了奴隶制，美国工业化进程进一步加快。到 1890 年，美国工业在工农业总产值中的比重达到 80%，重工业产值已与轻工业相当。1894 年，美国的工业产值相当于整个欧洲工业产值的一半。到 19 世纪末 20 世纪初，美国已经成为世界最重要的工业国。到 1913 年，美国的生产占世界工业品产量的 36%，相比德国为 16%、英国为 14%。[①] 第二次世界大战进一步确立了美国在全球的领导地位，美国成为世界上最强大的工业国。

建国后的百余年间，由于曾为英国的殖民地，美国的产业技术创新体系受英国体系的影响很大。由于其得天独厚的禀赋条件，第一次世界大战前其工业化发展基本没有面临太多外部挑战。但作为后发者，在对外政策方面也采取一些类似德国的做法。因此，发展模式是比较特殊和混合的。相比之下，德国则形成与英国明显不同的发展模式，这也是我们将德国称为第二种典型模式的原因。

但两次世界大战对美国产业技术创新产生了重要影响，经过不断地调整和完善，逐步形成了对当今世界产业技术创新影响至深的美国模式。本章重点分析第二次世界大战之前的美国模式。

（一）国际环境及地位：远离外部威胁且禀赋独厚的追赶者

美国 1776 年建国时，正值英国工业革命蓬勃兴起。殖民地时代和 19 世纪初的美国仍然是一个典型的农业国。与英国相似，美国的工业革命也是从棉纺织工业开始的。1790 年，通过仿制英国的水力纺纱机，美国建立起第一座棉纺厂；随着棉纺织业的发展，毛纺织、制铁、食品加工、木材加工等主要工业部门也普遍建立起新式工厂。19 世纪中叶，美国制造业开始飞速发展。1828 年，美国开始修建第一条铁路，到 1865 年，铁路里程已达 35000 英里。大规模的铁路建筑，不仅带动了东部重工业（如冶金、采煤、机器制造）的发展，也促进了西部农业生产的增长。

在诸多的后来者中，美国最特殊且空前绝后。首先，美国远离欧洲的战乱和经济竞争，在美洲没有竞争对手。1789 年美国联邦政府成立不久，欧洲战争爆发。在首任财政部部长亚历山大·汉密尔顿的极力主张与推动下，华

---

① ［美］小艾尔弗雷德·钱德勒著，引野隆志协助，张逸人等译：《规模与范围：工业资本主义的原动力》，华夏出版社，2006 年，第 3、48 页。

盛顿总统立刻发布了避免美国卷入欧战的"中立宣言"。其后不久，美英之间出现战争危机，汉密尔顿又积极推动签订了美英《杰伊条约》，使战争危机得以和平解决。他为美国早期外交注入了强烈的现实主义精神。他告诫国人，美国还是一个太年轻的国家，它需要时间成长，因此要极力避免卷入欧洲的冲突。他的这些思想被明确地表达在华盛顿的告别演说里，成为美国孤立主义外交路线形成的思想基础。其次，自然资源丰富又人口稀少，不存在欧亚多国的"马尔萨斯"生存困境。最后，作为曾经的英国殖民地，是英国工业革命在全球扩散的直接受益者，大批而连续的、富有创业和创新精神的英国及欧洲移民，带来了工业革命的相关技艺和技术。

（二）市场状况：全球最大的国内市场

19世纪晚期，美国的地理范围及国内市场快速成长。美国纽约、宾夕法尼亚和俄亥俄三个州的面积就大于整个英国（包括北爱尔兰）的面积，第一次世界大战前德国的面积甚至比美国得克萨斯州的面积还小。巨大的地理空间及分散的人口使美国企业在国内市场有很大的发展空间。从19世纪70年代到20世纪30年代大萧条期间，美国国内市场比任何其他国家的市场增长都快，美国的人口和人均收入的增长也都超过其他工业化领先国家。19世纪80年代，美国人口是英国的1.5倍，1900年就达到英国的2倍，到1920年则增长到3倍。从1870年到第一次世界大战，美国国内生产总值增长了5倍多，而同期英国只增长了2倍多一点，德国增长了3.4倍。同期美国人均国内生产总值大约增长2.4倍，英国增长1.5倍，德国增长2倍。

以铁路和电报为代表的交通和通信基础设施的发展有效地促进了全国性市场的形成和成长。美国的地理范围及城市之间的距离，意味着要比其他工业化国家修建更长历程的铁路。到1860年，美国已经建设了3万多公里的铁路，而英国完成了9000多公里；到1880年，英国铁路里程达到15563公里，而美国则达到93292公里；到1910年，美国的铁路系统基本完成，一级铁路里程已经是英国的10倍，大约是24万公里比2万公里。而在1880～1910年，德国铁路里程从2.1万公里增至3.8万公里。[①]

---

① ［美］小艾尔弗雷德·钱德勒著，引野隆志协助，张逸人等译：《规模与范围：工业资本主义的原动力》，华夏出版社，2006年，第51－53页。

在1890年左右，美国国内市场成为全球最大的、增长最快的国内市场，庞大的国内市场使美国企业比英国和德国企业更少地依赖对外贸易，避免了许多由于不同法律、制度、习俗及基础设施所带来的障碍，也为美国企业提供了国内市场的充分竞争，为其之后进入国际市场参与国际竞争做好了准备。

（三）主要产业：钢铁、电气、石油化工

1. 钢铁工业

在世界钢铁工业的发展史上，美国是典型的后来居上者。直到19世纪上半叶，因为质量问题，美国仍依靠从英国进口钢。到1880年，美国的钢产量才刚刚超过100万吨，铁产量则大3倍。1881~1913年，美国钢铁产量的增长速度比英国、德国、法国等欧洲国家都要快。1913年钢产量上升到3100万吨，远远超过德国的1890万吨和英国的770万吨。生铁产量情况也类似。[1]

美国钢铁工业快速发展的关键是19世纪中后期大量采用新的技术和工艺。例如，安德鲁·卡内基（Andrew Carnegie）在南北战争之后访问英国，认为贝塞麦转炉炼钢工艺会对世界钢铁工业产生革命性的影响，回国后创办了一个采用该工艺的炼钢厂，该厂在长达10年的时间里一直是世界第一大炼钢厂，适应了19世纪80年代铁路建设对钢铁的巨大需求。美国钢铁公司通过渐进式创新，不断改进工艺和产品，成本和价格大幅度下降。到19世纪80年代中期，英国钢铁公司在美国市场已经没法竞争下去了。到第一次世界大战前，美国和德国的钢铁制造商在英帝国和英国本身以外的所有主要市场已获得领先地位。

美国钢铁工业不仅在大规模生产方面实现了领先，而且与德国、英国一起在开发特种钢方面以及与工程公司在开发钢的新应用方面也是领先的。钢不仅在重型工业、机器和军备方面得到广泛应用，在许多消费品行业也获得了新应用，如罐头、自行车等。

2. 电气工业

美国电领域中的三位杰出发明家——托马斯·爱迪生（Thomas Alva Edison）、乔治·西屋（George Westinghouse）、伊莱休·汤姆森（Elihu Thom-

---

① ［美］小艾尔弗雷德·钱德勒著，引野隆志协助，张逸人等译：《规模与范围：工业资本主义的原动力》，华夏出版社，2006年，第69页。

son）——完成了许多发明家难以完成的事业，将其技术和产品有效商业化，创建了两家领先的美国电气制造商——通用电气公司、西屋电气公司，成为现代电机设备的先行者。这两个巨头和德国的 AEG 公司和西门子公司，一直到第二次世界大战后相当长时间，仍然占据全球行业寡头垄断地位。为了保持技术优势和市场份额，通用电气公司等先行者对研究与开发进行大量投资，成为美国工业研发的领导者。

3. 石油和化学工业

与德国化学工业重点开发用以弥补国内原料供给不足的技术的发展路径不同，美国化学工业的发展受到以下两大因素的影响：规模巨大、发展迅速的国内市场；自然资源禀赋——石油和天然气作为有机化学的资源基础。

在石油工业的工艺创新方面，美国始终是先行者。这既因为美国在 19 世纪 50 年代就开发石油作为国内燃料，20 世纪初内燃机车的应用引发对液体染料的大量需求；也由于美国炼油厂积累了石油裂化的技术诀窍，能生产各种石油产品。1855 年，耶鲁大学的一位化学教授首次论证和演示了裂化现象。但直到 20 世纪这一发明才在革命性的新工艺中获得商业应用。1913 年威廉·伯顿（William Burton）在印第安纳美孚石油公司第一次采用工业裂化法获得成功。伯顿法的良好效益刺激了其他替代工艺的研究，1920 年及其后又陆续出现了一些新的裂化法，最成功的是杜布斯（Dubbs）法和管—罐法，工艺创新促使炼油工业生产规模迅速扩大，生产能力大大提高。石油精炼工业的发展也为化工行业从煤炭向石油供给原料的转变奠定了物质和技术基础。

（四）创新主体：企业家＋工程师＋企业 R&D 机构＋大学

1. 企业 R&D 机构

第二次工业革命的核心产业的基本特点是越来越依赖有组织的科学研究。自 1875 年爱迪生在门罗公园实验室进行试验研究开始，企业 R&D 机构逐渐发展起来。20 世纪初，许多大型的美国企业开始建立内部专业化的研发部门和实验室。1900 年，通用电气公司建立了美国历史上第一个正规化的企业实验室。之后杜邦公司（1902 年）、美国电报电话公司（AT&T，1904 年）、福特公司（1906 年）、西屋公司（1910 年）、柯达公司（1912 年）等也陆续建立起自己的实验室。到 1913 年，美国企业建立的实验室增加到 50 个左右，1920 年达到 296 个，研发费用达 2900 万美元。1925 年企业实验室达 800 家。1927

年，拥有实验室的企业近 1000 家，研发费用达 1 亿美元。1938 年，企业实验室数目上升到 1769 个，研发费用达 2 亿美元。[①] 这些企业研究主要分布在化学及相关工业、电气工业等。据有关文献，化学、玻璃、橡胶和石油工业占据了 1899～1946 年所建立的企业实验室数量的 40%。1921 年，化学、石油和橡胶工业聚集了制造业中略超过 40% 的科学家和工程师，电气机械及设备约占 10%。之后这些产业雇佣的科学家和工程师的数目仍持续增长。1940 年，化学、橡胶、石油和电气机械的科研人员数占制造业全部科研人员数的 53% 以上。[②]

2. 大学

美国独立后，开始建立州立大学和学院。与早期殖民地时期的传统学院不同，这些新创建的学院和大学强调实用知识的传授，也更关注社会经济发展的需要。自 1785 年美国第一所州立大学——佐治亚大学创办之后，美国州立大学发展迅速。1800 年，全美国只有 25 所，到 1830 年增加到 49 所，1861 年增加到 182 所。1862 年和 1887 年，美国国会先后通过了《莫里尔法》（也称《增地法案》）和《哈奇法》，联邦政府以联邦公地、土地券及常规性拨款等工具，资助各州的大学开展应用型的教育和研究，并兴建一批增地学院（Land - grant Colleges）。到 19 世纪末，美国的增地学院已经达 69 所。增地学院通过开设农业和工艺方面的应用学科及开展实用性研究，进一步改变了美国高等教育领域存在的过度偏重古典教育的状况。[③]

由于许多美国大学的公共资助来自州政府，而不是联邦政府。州政府资助的政策意味着美国公立大学的课程和研究更会根据商业机遇进行适时调整。特别是在新兴的工程子领域或更小范围内，在矿业和冶金学中，州大学系统经常是一旦地方经济的需求变得明朗就马上能引进新的计划。

在第二次工业革命期间，美国的大学在推动产业技术创新方面的作用尚无法与企业研究机构相比，其作用更多地体现在产业技术人才特别是工程师的培养方面。通过广泛培训科学家和工程师，促进了先进的科学和工程知识的应用和扩散，成为美国 20 世纪早期科学和工程"追赶"的重要手段。

---

① 赵克：《工业实验室的社会运行》，复旦大学出版社，2008 年，第 131 - 135 页。

② ［美］理查德·R. 尼尔森编著，曾国屏等译：《国家（地区）创新体系比较分析》，知识产权出版社，2012 年，第 34 - 36 页。

③ 王志强：《研究型大学与美国国家创新系统的演进》，中国社会科学出版社，2014 年，第 120 - 121 页。

（五）政府/制度：反垄断法、专利制度和金融市场

1. 反垄断法

19 世纪的美国，十分接近自由放任的社会。曾被英国历史学家卡莱尔（Thomas Carlyle）称为"无政府主义加警察"。这一体制给了人们极大的自由去追求和实现其经济抱负，推动了物质财富的迅速增长。从 19 世纪 90 年代开始，美国逐渐偏离了"管制最少的政府是最好的政府"的教条，西奥多·罗斯福（Theodore Roosevelt）、富兰克林·罗斯福（Franklin D. Roosevelt）、林登·约翰逊（Lyndon Baines Johnson）等几位总统，都扩大了联邦政府对经济的干预，设计出许多新的管制手段和财政工具。

19 世纪 80 年代末，在石油、采煤、榨油、烟草、制糖等部门都出现了托拉斯组织。托拉斯组织的出现与美国自由贸易、公平竞争的观念形成冲突，威胁到市场经济的基本架构。但传统的普通法和既有的成文法都无法有效地控制这种局面。反垄断法，即反托拉斯法因此应运而生。1890 年 7 月，美国国会通过《谢尔曼法》（Sherman Act），主要为禁止限制性贸易做法及垄断贸易的行为。1914 年 9 月，美国国会通过《联邦贸易委员会法》，创建美国联邦贸易委员会（FTC），负责调查私人或公司在贸易竞争中的违法行为，发布终止令或解散令，以制止不正当的商业实践。1914 年 10 月，美国国会通过《克莱顿法》（Clayton Act），主要为禁止某些在实践中会削弱竞争的做法。这三部法律构成美国反托拉斯法体系的主体。之后，1936 年和 1950 年又两度对《克莱顿法》进行补充和修改。美国反垄断法最著名的案例就是 1911 年美国联邦最高法院宣判石油大亨洛克菲勒的新泽西标准石油公司解体。反托拉斯法的实施标志着美国政府从自由放任政策转向国家干预经济和联邦政府权力的扩大，当然这种干预受到严格的限制。

总体而言，在第二次世界大战之前，美国政府对工业发展的直接干预仍很少，主要是通过反垄断法等措施维护良好的市场竞争秩序。

2. 专利制度

美国工业化早期从欧洲引进了许多技术，但美国的发明家们从一开始就改进这些技术以适应美国的产业环境。到 19 世纪末，在大多数产业中，美国

工程师们开发出了新的工艺和产品，其生产能力也超过了英国。① 因此，美国是工业化国家中较早建立专利制度的国家。

美国建国之初，便根据宪法中"专利与版权"条款的规定，于 1790 年颁布了首部专利法。1793 年对 1790 年专利法进行了修改，条款规定进一步具体化。由于当时美国所处的经济发展状况，早期美国专利制度对技术创新的影响首先反映在农业上，其次反映在对国外先进技术的引进上。1836 年，国会对 1793 年的专利法做了大规模的修订，成立了专门的管理机构，恢复审查制度，对专利权主体、实质性要件、专利期限等方面做了修改，由此奠定了现代美国专利制度。1870 年，又一次对专利法做了修改和补充。专利制度保护发明者对其发明成果所享有的权利不受侵犯，鼓励和保护发明创造，促使美国人的发明与创新层出不穷。当然，由于专利与垄断之间先天的"亲缘关系"，美国政府也对专利实行多方限制。表现为随着美国各个时期专利垄断程度对经济发展影响的变化，对专利的强保护和弱保护交互更替。

3. 证券市场和投资银行

美国铁路公司是第一批由现代金融机构进行融资的企业。建设美国铁路网络的史无前例的资本需求导致纽约资本市场的集中化和机构化。在交易量和业务的复杂程度上，纽约资本市场很快成为仅次于伦敦的第二大货币市场。从 19 世纪 50 年代到 90 年代末，华尔街上的金融机构及其金融工具几乎毫无例外地为铁路公司融资服务。事实上，几乎所有美国现代金融工具和金融技术的完善都是为了铺设铁路以及通过并购来加速铁路的成长。在 1900 年之前，J. P. 摩根、库恩、洛布等投资银行也都致力于铁路融资，它们充当欧洲资本流动的管道，来帮助美国的铁路以及电报、电话系统。当时在纽约股票交易所交易的几乎所有证券都是铁路公司及与其联合的企业。上述投资银行在 19 世纪 80 年代到 20 世纪 40 年代的美国工业兼并浪潮中发挥了重要作用。当然这些银行的结构和功能都大大异于在德国工业企业融资中发挥巨大作用的全能银行，而更多地像英国的商人银行，但又不似英国银行在工业企业融资方面过于微小的作用。在美国大型工业企业中，金融家的影响一直是有限的。只有在公司财务处于困境时，如"一战"后的严重衰退期间及 20 世纪 30 年

① ［英］克利斯·弗里曼、罗克·苏特著，华宏勋、华宏慈等译：《工业创新经济学》，北京大学出版社，2004年，第 65 页。

代的大萧条期间，投资银行家才大批回到美国大型工业企业的董事会中，但持续的影响仍然是短暂的。[①]

（六）国际政策：技术（人才）引进和贸易保护

美国长期奉行不与欧洲大国结盟、不承担任何义务的孤立主义外交政策，避免卷入欧洲的政治和军事冲突，这一状况持续至"二战"期间。在工业化过程中，美国采取鼓励移民政策，积极引进国外技术和人才。在对外贸易上，采取贸易保护政策，为工业化营造发展空间。

1. 工业化前期的人才和技术引进

在推进工业化的过程中，美国充分利用了其后发优势，直接引进和利用英国、法国、德国等先行工业化国家的技术，以及欧洲的资金和国外移民所带来的生产经验等。最典型的例子就是曾被美国第 7 任总统杰克逊誉为"美国制造业之父"的塞缪尔·斯莱特，突破英国移民限制将水轮纺机的秘密带到美国，并在布朗家族的支持下，建立起北美历史上第一家阿克瑞特式水力纺纱厂，取名莱斯特棉纺厂。一般认为这标志着美国工业化的起步。

南北战争后，美国政府制定了《移民奖励法》。通过移民或引进技术指导员，美国人迅速从熟练的欧洲技工那里学到了很多东西，再加上健全的实践教育，为普遍的制造业操作制度奠定了基础，这种影响是无法测算的，而且美国人每天都在改进从比他们更老练、更有经验的欧洲同代人那里学到的知识。据统计，1871～1892 年，来自西欧和北欧的移民中，有大约 23% 是熟练工人，他们带来了钢铁、纺织等工业技术，成为美国工业革命的重要技术力量。

2. 贸易保护政策

美国独立之前，作为英国的殖民地，英国禁止美国发展工业。18 世纪 70 年代，美国取得独立，资本主义新工业开始发展，但大量英国产品的输入严重打击了美国新工业的发展。在首任财政部部长汉密尔顿的推动下，美国政府通过保护关税等贸易保护政策，扶植新兴民族工业的发展。1789 年，美国制定了第一个保护性贸易关税法，此后到 1808 年，关税税率不断提高。1805

---

① ［美］小艾尔弗雷德·钱德勒著，引野隆志协助，张逸人等译：《规模与范围：工业资本主义的原动力》，华夏出版社，2006 年，第 56－57、77－79 页。

年，英国对美国进行封锁，在海上搜捕美国商船。1809年美国与英国断绝通商，导致了第二次独立战争。战争期间，美国民族工业得到发展机会。但战争结束后，英国产品再度大量涌入，美国民族工业再度受到严重打击。因此在1816年通过新的关税条例，大幅度提高了工业品的进口关税。但由于遭到南部种植园主和"重农主义"者的反对，贸易保护政策是有节制的。在南北战争时期，联邦政府大幅度将关税提高到48%的水平。南北战争后，北部工商业资本家和资本主义农场主排除了南部种植园主独掌政权，保护关税得到了朝野人士的一致支持。高关税一直维持到20世纪30年代的大危机时期。

贸易保护政策对美国实现成功赶超发挥了不可替代的重要作用。美国的工业化较英、法等国起步晚，在工业化起步时期其国内的幼稚工业一度受到英国商品的沉重打击，美国政府通过颁布《禁运令》和提高关税等措施，成功地保护了纺织业等幼稚工业。即使在成为世界第一工业化强国后，仍然维持了相当长时期的高关税。

（七）"二战"后的重大变化

以上重点分析了第二次工业革命期间美国产业技术创新的发展历史。总体而言，第二次世界大战前的美国产业技术创新模式可以说是类似英国模式并结合部分德国模式的特点。之后，这一模式发生了重大变化，尤其是"二战"中，美国政府加强了对产业发展和技术创新的干预。"二战"后美国加强国家实验室建设，大力发展研究型大学，增加联邦政府对产业技术创新的资助。冷战时期导致的宇航竞赛、"星球大战"等项目的开展，进一步强化了政府的相关政策支持。1961年，美国全部研发经费中联邦政府已经占到65%（其中军事、宇航占5/6）。

"二战"至今，美国已经建立起全球最强大的产业技术创新体系，以下简要地分析其中最值得重视的几方面内容：一是美国保持了最具创新精神的企业家群体和以市场竞争为基础的创新环境。二是在以私营企业为主的条件下，美国创造了军民两栖的军工产业技术创新体系——在总体效率上远远超过苏联的军民分离的模式。三是美国建立了由企业研究机构、国家实验室、大学等主体构成的、充满活力的产业技术创新支撑体系。四是美国首创出风险投资形式，并在风险投资规模上一直领先全球，为后来的信息通信、生物医药等新兴产业的发展创造了最好的金融支撑。这一模式适应了第三次工业革命的新兴产业发展的特点和需要，使美国在第三次工业革命中持续保持产业技术的领先地位。

五、日本：混合型的赶超模式

日本是非西方文化国家中，第一个实现工业化的国家。其工业化的历史就是一个长期追赶技术先进国家的历史。

1868 年明治维新以前，日本是一个以农业为主的封建国家，收入的 85% 来自农业，15% 来自商业和手工业。1868 年明治维新后主要通过学习欧洲经验，日本的工业才逐渐发展起来。1880 年，输入了新式纺织机后，日本的纺织工业才得以迅速发展。同时，在国家的推动、引导和扶植下，出现了开办企业的高潮，到 1885 年，产业革命已迅速展开。1894 年的中日甲午战争，是日本近代产业发展的转折点，依靠在中国开设工厂、企业及其他商业的特权和战争赔款，使其工业、交通运输、银行、贸易等出现了惊人的发展，大大加速了工业化进程。到 20 世纪初，日本近代工业的主要部门都已建立起来。

从 20 世纪初到 1938 年，是日本工业化的加速时期。之后进入战时状态，实行战时统制经济体制。"二战"后在美国占领当局的推动下，尤其是"道奇路线"的出台，促使日本由统制经济向市场经济转变，逐渐发展出由私营企业主导、政府协调指导的混合型产业技术创新体系。20 世纪 50 年代中期，日本进入高速增长阶段，保持近 20 年的年均 10% 以上的经济增长率，被称为"日本经济奇迹"。到 70 年代，完成了以重工业、化学工业为主导的工业化的最后阶段，成为发达工业化国家，跃居为仅次于美国的世界第二大经济体。实现了明治时期确立的赶超西方强国的目标。

因此，"二战"是日本工业化及产业技术创新的重要分水岭，下面重点分析"二战"后日本工业化及其产业技术创新的历程。

（一）国际环境及地位：自然资源贫乏的后来者和战败国

尽管明治维新之前，日本经历了长达 300 年之久的闭关锁国的封建时代，但江户时代的日本社会经济仍达到较高发展水平，为之后的工业化积累了宝贵的遗产，包括人口的快速增长、高水平的教育普及和工农业发展等。

20 世纪 30 年代前，日本向西方国家学习，形成了以自由市场竞争为基础的、接近古典型的市场经济模式。到 20 世纪初期已经形成了包括产品市场、金融市场和劳动力市场在内的全国性市场体系，以及遍及全国的邮政、电信、铁路等基础设施网络。全国范围统一市场的形成，为工业化提供了发展空间。但日本的自然资源贫乏，除煤炭、天然气、硫黄等极少量矿产资源外，其他工业生产所需的主要原料、燃料等都要从海外进口。"二战"前，日本工业化水平已经达到较高程度，许多重工业部门达到世界先进水平。"二战"期间，由于中断了从西方国家引进技术的途径，拉大了日本与欧美国家的技术差距。

"二战"后，作为战败国，经历过短期的经济混乱和衰退后，经济逐步复苏。1949 年美国对日政策发生了重大转变，占领当局在经济上谋求日本经济的快速自立发展。随后爆发的朝鲜战争，更是为日本的经济和产业复兴带来了重要机遇。美军大量的军备需求（特需）带动日本企业的满负荷运转，1951～1955 年日本经济呈现异常增长，到 1955 年，大多数经济指标都恢复或大幅度超过战前水平。为日本克服国土狭小、自然资源贫乏等不利条件，实现成功赶超奠定了基础。

（二）主要产业：钢铁、家用电器、汽车

日本工业化的起步也是从纺织业开始的。早期的纺纱技术分别来自法国和意大利，棉纺织业则引进英国的机械设备。这些引进技术经过本土化改造以适合日本经济条件。到 20 世纪第一个 10 年中期，日本完成了以农业为中心向以轻纺工业为主导的结构转变。这一时期，日本的其他现代产业主要集中在钢铁、机械制造等重工业部门。尤其是日俄战争之后，进入了以军事工业为核心的重工业发展阶段。第一次世界大战爆发后，欧美国家中断了亚洲和拉丁美洲的商品供给，日本抓住机会垄断了这两大市场。产品出口大幅度增长，日本由债务国变成债权国。海外需求和出口的大幅度增长，促使日本造船、电力机械、化工等行业加快了国产化并扩大生产。1913～1919 年，金属、机械和化工等行业都出现了异常的高增长，作为基础能源产业的电力（主要是水电）也得到迅速发展。劳动力也从农业向其他产业迅速流动，使日本开始了快速城市化进程。到 1937 年，日本发动全面侵华战争之前，重工业、化

学工业的发展直接同军备结合起来，汽车、钢铁、机床、飞机、造船、轻金属、有机化学合成、重工机械等产业都在政府政策的主导下快速发展。①

"二战"后，日本经济经过短暂的恢复期后，从 20 世纪 50 年代开始快速发展，到 70 年代中期至 80 年代中期，日本的钢铁、电子、汽车等主导产业相继发展成为世界最高技术水平、在国际市场占有重要地位的产业。

1. 钢铁产业

早在 1901 年，日本政府就依赖德国技术建立了八幡炼铁厂，之后许多私营钢铁公司也建立起来，如全日空、住友金属、川崎钢铁等。但日本钢铁工业真正腾飞是在"二战"之后。20 世纪五六十年代从奥地利引进氧气顶吹转炉，以及引入连续浇铸方法和带状钢轧机两项新技术，并加以改进和吸收到日本的钢工厂。凭借先进的技术和管理经验，日本建立起了雄厚的钢铁工业，不仅钢产量于 1980 年超越美国，在规模上长期位居世界第二（1992 ~ 1995 年排第一），而且在技术上一直处于世界领先，长期保持钢铁大国和强国的地位。

2. 家用电器产业

19 世纪晚期开始引进电器和通信设备时，日本技术落后于美欧，但差距并不大。到 20 世纪初，日本一些最著名的电器公司已经创立起来，如 1911 年创办的日立、东芝的两个前身——东京电器和芝蒲工程，以及三菱电器和富士电器。除了日立始终采取自主研发、未与西方公司联合外，其他电器公司都采取与西方领先公司结盟的方式，如东芝与美国通用电气公司、三菱电器与西屋电气公司。这些公司通过合资和许可等方式引进技术，也努力提高自身研发能力。日立公司 1918 年就设立了研发部门，1934 年建立了实验室；东芝公司的两个前身在与美国通用电气公司联盟的情况下，仍分别于 1918 年和 1921 年建立了各自的实验室。后来，东芝、日立和富士（其通信设备业务后来被分离为富士通）先后进入通信设备产业。

"二战"后，日本公司继续采取引进技术和自主研发并行的做法。20 世纪 60 年代随着日本经济高速发展，国民收入不断增加，国内市场需求扩大，加上日本政府采取限制外国产品输入的政策，大大刺激了本国家电产业的生产，并且在家用电器领域迅速追赶上世界领先水平。洗衣机、电冰箱、黑白电视机等当时最具代表性的产品的生产规模不断扩大，工厂产品系列化，生

---

① 崔岩：《日本的经济赶超》，经济管理出版社，2009 年，第 21 - 26 页。

产专业化，产品高质量化、生产低成本化，完善了产品销售体系。60 年代后期，洗衣机等产品的普及率大增，国内市场开始呈现饱和。日本企业更多转向国际市场。由于价格稳定，质量可靠，技术先进，产品有较强的竞争力，出口量迅速增加。在这一过程中，松下、索尼、佳能、NEC、东芝、JVC、日立、三菱、三洋等一批企业迅速成长为世界级企业。

3. 汽车产业

早在明治时期，日本本土制造汽车的努力经历了不下 10 次的失败。一直到 20 世纪 20 年代，日本市场仍被福特和通用汽车两家美国生产商把持。但日本本土企业也通过逆向工程吸收技术、通过干中学积累技术。而军方和政府运输部门的采购以及对国外生产商的规模限制等政策，也为本土企业成长创造了条件，丰田、尼桑等本土企业迅速扩大生产规模。但本土生产汽车的质量在"二战"前始终没有追赶上美国公司的水平。

"二战"后，在政府关键产业保护政策的扶持下，丰田、尼桑、五十铃等通过自身研发努力和引进技术并行的方式，不断提高技术能力，到 20 世纪 60 年代中期终止了与外国企业的合作，建立起可以与欧美企业竞争的汽车工业。1967 年日本超过德国而成为第二大汽车生产国，60 年代末，日本汽车企业完成了本土的垄断，同时进行海外布局。70 年代接连爆发的石油危机，帮助日本汽车彻底打开了海外市场。1976 年，日本汽车出口达到 250 万辆之多，首次超过国内销量。一直到 80 年代，日本汽车产业保持快速增长，逐步上升为出口主导产业。1985 年，日本汽车出口在总出口中已经占据了两成。1990 年，日本汽车产量达到 1350 万辆，至历史巅峰。日本成为美国和欧洲之后世界第三个汽车工业发展中心。[①]

（三）创新主体：企业家/发明家/工程师 + 企业 R&D 机构

1. 企业家/发明家/工程师

明治维新时期，涌现出一大批企业家，很多是企业家兼发明家兼工程师（或科学家），成为推动日本工业化和产业技术创新的重要力量。上面几个主要产业的发展过程，充分显示了企业家/发明家/工程师的重要作用。在汽车

---

① 关于日本主要工业发展历史及赶超原因的分析，可参阅［美］理查德·R. 尼尔森编著，曾国屏等译：《国家（地区）创新体系比较分析》，知识产权出版社，2012 年，第 106－124 页。

产业，丰田佐吉（Sakichi Toyoda）是典型的发明家兼企业家，1890 年发明了第一个（木质手驱）纺织机，1897 年发明了自动织布机，成为成功的企业家。当时世界上最大的织布机生产商英国的普莱特（Pratt）以 10 万英镑价格购买其技术。丰田的公司也开始大量出口产品。丰田佐吉的儿子喜一郎（Kiichiro）毕业于东京大学工程系，他瞄准汽车的开发，雇佣了钢铁、工具和三轮汽车领域的许多工程师，组成研发团队，并派遣工程师赴美国向福特公司学习并购买设备，于 20 世纪 30 年代中期开发出卡车和乘用车。其他的企业家还有创建尼桑汽车的鲇川（G. Ayukawa）、马自达（Matsuda）等。在电器和通信设备产业，田中制作所的创始人田中久重（H. Tanaka）、日冲公司的创始人日冲（K. Oki）、日本电器公司的创始人岩垂（K. Iwadare）、日立公司创始人小平（N. Odaira）等都是典型的企业家／发明家／工程师，田中在德川时期就成为著名的发明家和工程师，他发明的东西十分广泛——钟表、喷灯、熔炉、水泵、灭火器、烟草切割机、制冰器、自行车、榨油机、稻米剖光机、轮船、挖泥机、枪支等，还基于西方技术制作出第一台蒸汽机。①

上述提到的许多企业家／发明家／工程师都展示了强大的企业家精神，如在日本汽车产业发展过程中，进入产业的尝试非常多，在 1945～1960 年就有近 30 家公司，尽管大多数都以失败告终，但他们前赴后继的努力是最终成功的关键。许多日本的企业家／发明家／工程师都受益于日本政府致力于建立的教育体系及国外教授的指导，一方面他们积极吸收西方的先进技术，另一方面具有强烈的独立于西方技术发展的愿望。企业家精神和工程师（包括关键技术工人）的教育背景和技能是日本工业化和产业技术赶超的强大推动力。

2. 企业 R&D 机构

"二战"前，许多日本公司已经建立了自己的实验室。在 1923 年，有 162 家附属于公司、合作组织和其他私人机构的私立研究实验室。其中 71 家在化学领域、27 家在金属和机械领域、24 家在食品领域。1942 年，私立研究组织达到 711 家，雇员为 33400 人，费用约 5.9 亿日元（约 1% 的国民生产总值）；而公共研究组织（包括大学）则有 443 家，雇员 16160 人，费用 2.96 亿日元。生产和研发活动的提升使得一些日本制造业企业开始建立世界级的生产

---

① ［美］理查德·R. 尼尔森编著，曾国屏等译：《国家（地区）创新体系比较分析》，知识产权出版社，2012年，第 106－124 页。

工厂并开发先进产品，如大规模熔炉和平炉钢生产、飞机、轮船、合金以及通信设备等。当然，日本对欧美先进技术的依赖尚未根本改变，主动的技术引进一直持续到 20 世纪 30 年代。"二战"期间海外技术向日本流动的中断，使日本在如飞机、轮船制造等战前几乎已经追赶上世界领先技术水平的关键军需品工业与西方的技术差距不断拉大。[①]

"二战"后，与欧美一些国家加大政府的干预，科技资源更多流向国立研究机构的趋势相反，日本与产业相关的研发资源几乎都集中到企业。到 20 世纪 70 年代末，日本企业拥有研发机构 1.6 万个。而且一个重要趋势是企业 R&D 机构的国际化，据相关调查，20 世纪 70 年代日本新增的企业 R&D 机构中 43% 设在海外，到 80 年代则达到 84%。1992 年底被调查的 250 个在美国的外国企业 R&D 机构中，日本有 150 多个，占到 60%。[②]

（四）政府/制度：专利制度、教育系统和产业政策

1. 专利制度

1871 年，日本第一个专利法诞生。在随后的几十年中，针对各种知识产权的新法相继制定。这些法律都模仿欧美的知识产权法。1885 年，日本成立了专利局，高桥黑田（K. Takahashi）担任首任局长，他后来成为日本首相。日本专利制度成为日本追赶和提升国家利益的重要工具。起初，外国人在日本不能获得专利权，1899 年后日本成为《保护工业产权巴黎国际公约》的成员国后，外国企业开始在日本获得专利权。

"二战"后，日本将专利制度作为经济重建和追赶政策的重要内容，支持从欧美国家的技术引进，推动专利交叉许可和技术信息扩散等，使专利成为日本企业重要的竞争手段。日本还积极支持专利的国际协调，1978 年加入国际专利合作协定（PCT），随后日本专利局（JPO）又参与到欧洲专利局（EPO）和美国专利局（USPTO）的三方专利局合作，成为促进工业化国家国际专利合作与协调的又一重要渠道。[③]

---

① ［美］理查德·R. 尼尔森编著，曾国屏等译：《国家（地区）创新体系比较分析》，知识产权出版社，2012 年，第 98－100 页。

② 赵克：《工业实验室的社会运行》，复旦大学出版社，2008 年，第 149－155 页。

③ ［挪］詹·法格博格、［美］戴维·莫利、［美］理查德·纳尔逊主编，柳卸林等译：《牛津创新手册》，知识产权出版社，2009 年，第 268－269 页。

2. 国民教育及工程教育系统

日本致力于建立强制性的国民教育及工程教育系统。工业化开始之前，日本国民就具有较高的教育水平，尤其在初等教育方面甚至高于英国、美国、法国和德国。据有关学者研究，在 1868 年，日本 43% 的男性、10% 的女性具有读写能力。相比之下，在 1873 年完成产业革命之后的英国，入学率只有 20% ~ 25%。① 到 1904 年，当强制性 6 年初等教育系统最终被建立起来时，比例提高到男童 99%，女童 96%。也就是说，年轻一代的文盲在 20 世纪初就几乎不存在了。中等教育系统也建立起来，到 20 世纪 20 年代，超过一半的初等学校毕业生进入到 2 年制或 5 年制中等学校学习。在高等教育系统方面，1873 年在英国人戴埃尔（H. Dyer）的计划和帮助下成立了工程学皇家学院，雇佣了一批国外教授（大部分是英国人）。戴埃尔为学院设计的方案强调了课堂学习和实验室实际训练的结合。1886 年，该学院与另一个由德川政府建立的在荷兰人、法国人和德国人的帮助下教授科学和技术的学院合并，成为帝国大学（后改名东京大学）工程学院。其培养的毕业生后来创立了很多日本制造业公司。日本政府从明治时代就开始强调工程教育与其他西方发达国家将纯科学作为优先选择形成明显差异。日本研究人员的显著特征是工程人员多于科学人员。1988 年，日本有 36.8 万名学生在工程系学习，只有 6.2 万名在科学系。在 1988 年博士学位的获得者中，科学博士 860 名，工程博士 1404 名。相比而言，美国的数量是 7438 人和 3236 人，德国的数量是 2894 人和 1020 人。②

3. 产业政策

"二战"后，日本从统制经济逐步向市场经济体制转轨，政府对产业发展及其技术创新采取了积极且适度的干预政策。

政府激励私营部门加强研发的财政支持一直保持适度规模，私营企业大幅度增加研发经费的努力主要来自市场竞争的压力。总体而言，20 世纪末期的二三十年中，政府的产业政策在日本经济增长中的作用逐步减少，政府对产业研发的支持也呈减少趋势。相比其他国家，日本政府对研发资助是比较少的。弗里曼（Chris Freeman）和苏特（Luc Soete）曾比较了日本和苏联的创新体系（见表 2 - 1）。日本全部研发经费中，军事只占 2%（"二战"后美

---

① 崔岩：《日本的经济赶超》，经济管理出版社，2009 年，第 16 页。
② ［美］理查德·R. 尼尔森编著，曾国屏等译：《国家（地区）创新体系比较分析》，知识产权出版社，2012 年，第 93 - 94、125 页。

国超过50%）。冷战中，所有发达国家和发展中的大国，军事R&D经费占全部R&D经费比例都很高，日本作为战败国被限制发展军事工业（依靠美国军事保护），使得日本企业R&D经费占GDP比例是全球最高的（可以说反而占了很大"便宜"，类似情况发生在美国"二战"前的百年发展过程中）。

表2-1 20世纪70年代日本与苏联创新体系比较

日本	苏联
· R&D经费与GDP比例为2.5%	· R&D经费与GDP比例为4%
· 军事和航天R&D经费占全部R&D经费比例极低<2%	· 军事和航天R&D经费占全部R&D经费比例极高>70%
· 企业R&D经费占全部R&D经费比例很高约为66%	· 企业R&D经费占全部R&D经费比例很低<10%
· 研发、生产和技术引进在企业紧密结合	· 研发、生产和技术引进分离，各机构联系薄弱
· 积极鼓励企业创新	· 对企业创新的鼓励和阻碍抵消
· 国际市场竞争经验丰富	· 除军备竞赛外较少参与国际竞争

资料来源：［英］克利斯·弗里曼、罗克·苏特著，华宏勋、华宏慈等译：《工业创新经济学》，北京大学出版社，2004年，第384页。

日本对产业技术创新的另一干预方式是支持合作研发。1961年，日本政府颁布《矿业和制造业工业技术研究联盟法》，支持联合或合作研究。1961～1987年，有87家研究联盟成立。有关资料显示，政府的研发资助超过一半给予研究联盟。研究联盟在半导体等产业技术开发上发挥了一定的作用。之后，越来越多的合作研究是在由多家公司联合资助研究机构或在跨公司的技术协议下开展的。[①]

最典型案例是1976～1979年，由日本通产省出面组织，以富士通、日立、三菱、日本电气、东芝五大公司为骨干，联合日本工业技术研究院电子综合研究所和计算机综合研究所，投资720亿日元共同实施的超大规模集成电路（VLSI）项目。项目的主要目的是奠定开发、制造高性能芯片的一般技术原理的基础，开发所需的生产技术，并允许企业在开发各自品牌的商业超大规模集成电路技术时免费使用这些技术成果。VLSI项目实行了4年，取得了1000多项专利，帮助成员企业提升了VLSI的制造技术水平，使日本公司在迅速扩张的VLSI芯片市场上占得先机。1980年，日本公布研制成64K集成电路，比

---

① ［美］理查德·R.尼尔森编著，曾国屏等译：《国家（地区）创新体系比较分析》，知识产权出版社，2012年，第103-105页。

美国早了半年；同年日本电气通信研究所比美国早两年公布研制成 256K 动态存储器。1986 年，日本的半导体产品占世界市场的 45.5%，高于美国的 44%，成为世界最大的半导体生产国。1989 年，日本公司占据了世界存储芯片市场 53% 的份额，而美国仅占 37%。VLSI 项目的成功得到了国际同行和观察家的广泛关注，极大地提高了日本通产省技术政策的国际声誉。但该项目的实施也反映出成员企业出于各自利益致使联合研发的积极性不高，信息缺乏交流，影响到合作效果，也影响到对技术政策的评价。

比较而言，日本是发达国家中政府对产业及其技术创新的干预最多者，但与苏联以行政干预为主不同，日本是以市场化手段为主。

（五）国际政策：技术引进、出口导向和关键产业保护

1. 技术引进政策

早在德川时期日本就存在技术引进。1854 年锁国主义的结束以及明治维新，推动了日本大规模引进西方先进技术以及在经济和军事上对西方国家的追赶。引进海外技术通过多样性的渠道进行，包括雇佣外国工程师和专家，引进先进机械设备、许可协议和外商直接投资等。在钢铁、电器和通信设备、汽车等产业发展中都能够看到日本政府获得更加先进的西方技术并建立有竞争力产业的努力。例如，1901 年日本政府通过委托德国公司制订计划、雇佣德国工程师和购买德国设备等，建设八幡炼钢厂；20 世纪 50 年代以后又支持从奥地利引进氧气顶吹转炉技术。在电报、电话和武器等新技术引进方面也不遗余力，例如，1868 年在英国工程师帮助下，试用英国进口设备开始电报业务；1877 年贝尔刚发明电话 1 年后，工部省就开始应用美国技术在日本进行试验，并于次年开发出第一批产品。

日本政府对引进西方先进技术的高度热情，加之日本工程师吸收国外技术并进行本土化适应性改进的普遍能力，以及工人吸收新生产工艺的能力，推动了日本产业技术不断进步并改进了国内技术基础。据有关研究，1950～1977 年，日本用 57.3 亿美元资金从国外共引进了 25777 项技术。[①] 日本还充分利用与全球科技最领先者美国的亲密关系大量引进技术。当然，随着日本工业技术达到世界先进水平，可引进的技术越来越少，在 20 世纪 60 年代，日本企业

引进技术同时也增加自身研发投资，政府政策也开始日益强调促进国内研发。

2. 出口导向政策

日本国内市场有限，高度依赖国际市场尤其是欧美市场。20世纪40年代末期，日本曾围绕着未来的发展路径展开了"开发主义"和"贸易主义"的争论。"开发主义"论者主张学习美国30年代的经验，通过引进革新性的生产技术，综合开发国内资源以实现经济的自立和工业化。"贸易主义"论者则认为，日本的基本国情是人口多、出生率高、资源少、生活水平低，这些问题只能在世界范围内解决。最终结果是日本确立了出口导向型政策。50年代中期，日本积极引进包含新技术的最尖端的资本设备，利用当时低汇率的有利条件，增强自身的国际竞争力，向以美国为中心的世界市场出口钢铁、船舶、汽车等重化工业产品，实现了经济的高速增长。

3. 关键产业保护政策

"二战"后，日本《和平宪法》意味着不能再通过军方采购帮助产业发展，战前的军事工业转为民用工业。为此在20世纪50年代中期，日本围绕着是否应该保护、发展本国汽车产业，展开了一场意义深刻的讨论。以通产省的经济官僚为代表，认为决定国际分工的比较优势是动态的，通过保护政策给予相关产业以扶植，可以改变原有的比较优势，发展起具有竞争优势的产业。为此，日本主张实行关税保护，对进口和直接投资加以限制，保护国内市场，扶植本国工业，增强国际竞争力。产业保护政策促使日本走向以资本密集型的重化工业为主的工业化道路。

需要强调的是，日本出口导向政策和产业保护政策得以发挥作用，最关键的是私营部门愿意并有能力抓住机会。

六、本章小结

（一）历史经验

通过对上述5个典型国家的产业技术创新发展和演变过程的回顾，可以总结出以下几点经验：

1. 国别的差异性

不同国家产业技术创新体系的差异明显，要受该国的资源禀赋、国际背景和国际地位、经济和科技发展的基础条件、国家体制和制度等诸多要素的制约。不存在最佳模式——适合本国发展情况的才是最好的。但需要强调的是，任何一种模式都是在特定背景下形成的，随着形势的变化也应适时进行调整。如从追赶者变为领先者，其模式会发生很大变化。

2. 国内市场规模的重要性

产业技术创新是在市场经济条件下才能产生和发展的，尤其对于首创者和领先者来说。英国在产业革命前形成了当时欧洲最大的国内市场，这是产业革命在英国而不是其他国家发生的关键因素之一。德国在 1871 年统一，1880 年左右成为欧洲最大的国内市场；美国则在 1890 年左右成为全球最大的国内市场，这是德美两国共同掀起第二次工业革命并实现成功赶超的关键因素。日本虽然国内市场有限，但充分利用与美国的密切关系、庞大的欧美市场支撑了其赶超战略实现。目前中国已经是全球第二大国内市场，成为第一大市场也指日可待。这个因素对中国今后产业技术创新的作用需要高度重视。

3. 政府干预与市场调节的结合方式的差异

在产业技术创新体系中，政府干预和市场调节都有不同程度的表现，关键是两者的比例关系及其结合方式。从各个国家发展历史的经验教训看，这一比例关系和结合方式在不同国家以及不同时期是有差异的。因此，寻求适合本国国情的结合方式是促进产业技术创新的关键。总体而言，融合型发展是大势所趋。一般来说，后发赶超型国家的产业技术创新体系与发达国家领先型产业技术创新体系相比，政府政策的作用更大些，与市场调节的比例关系和手段方式更值得深入研究。

4. 产业的差异性

不同产业的技术创新及其体系的差别很大，特别是军品工业与民品工业的创新体系差异很大。迄今为止，军品工业的创新体系都是以国有研发机构和政府政策主导的；依据产业技术创新生命周期等特性的不同，又有创新主体的差异和变化，这方面国际上的经验尤其是美国、苏联正反面的经验特别值得吸取和借鉴。

（二）未来趋势

随着经济全球化的不断深入以及新技术革命和产业变革，产业技术创新也出现一些新的发展趋势。

1. 新兴产业的技术创新

以 IT 为代表的新兴产业与传统产业相比，创新特性差异非常大，而且人类对这些新特性的掌握还很少。目前能确定的是，用行政手段干预 IT 为代表的新兴产业所具有的风险，要远远大于干预传统产业时的风险。

2. 多国/跨国的产业技术创新

随着经济全球化的发展，产业技术创新作为全球价值链的重要环节和决定性资源，已经呈现出跨国性质，跨国创新"体系"已崭露头角，在特定的产业技术创新活动方面值得认真关注和研究。例如，欧洲各个国家由于市场和地理特点以及科学型产业的发展需要，逐渐开发出一条多国/跨国合作的产业技术创新的模式，如尤里卡项目的实施、空中客车公司的创立和发展等，其中必然有多国政府的积极参与和共同支持。

3. 跨国公司已经成为全球产业技术创新最重要的载体

以苹果手机为例，就是一个苹果公司为主导的、美国＋中日韩的众多企业形成的跨国创新体系。与欧洲的政府主导不同，这是以企业为主导的。我们在设计和建设每一个具体产业的技术创新体系时，必须充分考虑到这个新"主角"的性质和作用。

第三章　产业技术创新支撑
体系的概念和结构

产业技术创新既有中观层面的产业技术发展及其管理的内涵，也有宏观层面的产业政策与创新政策的内涵。因而对产业技术创新支撑体系的研究，需要从产业技术创新规律和产业技术创新的市场与政策环境两个视角来加以分析和研究。既要关注产业技术创新规律的内在逻辑和不确定性，也要关注产业技术创新的市场与政策因素相融合所导致的外部作用的不确定性。本章从产业技术创新规律、产业技术发展的市场化要素、产业技术创新的制度和政策环境等方面来分析产业技术创新及其支撑资源，进而提出产业技术创新支撑体系的概念及结构，以期对产业技术创新政策和产业竞争策略研究提供理论参考。

一、产业技术创新的相关理论探讨

（一）产业技术创新体系的理论综述

根据文献分析，部门或产业创新系统（Sectoral System of Innovation），即

我们所说的产业技术创新体系[①]的研究是一个新兴研究领域。涉及这一主题的相关研究最早可追溯到 20 世纪 80 年代初期形成的网络合作化技术创新理论和 80 年代末期形成的国家创新系统理论。其中，从经济学角度对工业技术发展现象做出解释的，一般研究的基本单元是企业及企业群，当把此类技术创新活动作为体系来观察时，首先考察的是国家创新系统的概念。这一概念最早是由丹麦经济学家伦德瓦尔（Lundvall）在 1985 年提出的，克里斯托弗·弗里曼（C. Freeman，1987）则首先对这一概念进行了系统阐释，并深入分析了日本的技术创新机制。弗里曼认为国家创新系统是一种在公、私领域里的机构网络，其行为和互动实现技术的启发、引进、改造、扩散和转移。弗里曼特别强调政府政策、企业及其研究开发工作、教育和培训、产业结构四个要素在国家创新系统中的作用。纳尔逊（Nelson，1993）在主编的《国家创新系统》一书中，比较分析了美国和日本等国资助技术创新的国家制度体系。他认为现代国家的创新系统从制度上讲是非常复杂的，既包括致力于公共技术知识的大学，也包括政府基金与计划。纳尔逊强调科学和技术发展中的不确定性，因此不能事前确定哪一种发展战略是最好的，只能事后由市场对这一问题做出回答。在这种情况下，政府的主要任务就是保证技术多元性以及制度安排上的多样性，建立一种分享技术知识的机制和不同机构之间的合作机制。这些机构、组织的协调发展能够有助于科学技术更好地融入工业活动之中。而后众多学者和经济合作与发展组织（OECD）等机构，从创新系统的结构要素、创新系统的外在环境等不同角度进行研究，对国家创新系统的理论内涵到国别比较等，形成了高质量的研究积累。而这样的研究也意味着必须从单纯经济学的考察逐渐扩展到社会层面，融入制度、公共研究基础设施、金融机构、具备必要技能的劳动者群体（相关的教育体制）等多个角度开展研究。此外，关于部门或产业技术发展的典型研究还包括：波特（Porter，1990）有关产业竞争力模型（钻石模型）中，把产业基础设施纳入创新系统，引入了产业创新系统的思想；罗斯韦尔和塞格瓦尔德（Rothwell & Zegveld，1980）提出以并行工程为基础的综合创新模型是产业创新系统思想的又一体现；卡森（Carlsson，1995）的技术系统理论为产业创新系统的建立奠定了良

---

① 马勒巴等人用 Sectoral System of Innovation，而不用 Industrial Innovation System，主要是为了突出部门边界特征为代表的产业技术，相对而言比后者更精确；而我国学者一般把两者都翻译为产业创新体系，或产业技术创新体系。

·71·

好的基础。但总体而言，上述研究介于企业群和国家创新体系之间，缺乏针对产业中观层面的系统考察。

如果专门将所谓创新系统的研究加以总结，可以发现其聚焦点主要是在系统的组成（要素及要素间关系）以及系统的功能和边界。埃德奎斯特（Charles Edquist）认为，创新系统的主要要素是组织和制度，前者关系到创新行为参与者或主体，其重要特性是这些创新主体的创新活动或组织功能；后者则是调节创新主体间关系的正式或约定俗成的规范。而所谓系统的边界就涉及产业层面还是地理层面的考察和研究。①

国际上对于产业创新体系第一次做出系统专题研究的是意大利学者马勒巴等人（见 Malerba 的总结性研究，2004），他们首次系统地提出产业创新体系的概念并开展有针对性的研究，建立了初步的体系化理论。马勒巴提出，技术创新的产业差异主要体现在两个方面，一方面是产业的市场结构和产业动力差异，主要指类似大型企业（高门槛技术、成熟技术市场、具有渐进式创新特点）或小型企业（低门槛技术，但可能具有创造性毁灭特征，或颠覆性创新特征）构成的不同产业的市场差异；另一方面则与产业的技术范式（Technology Regime）差异有关，即学习和创新的环境差异因素。

马勒巴（2002）将产业创新体系定义为：参与开发和制造特定部门的产品、创造和使用特定部门技术的企业构成的系统（或群落）。该定义强调了产品和技术共同刻画和区分产业边界的思想；同时，他认为这种产业系统通过两种方式形成产业内企业间的联系：第一，通过产品开发过程中的相互作用和合作；第二，通过创新和市场活动中的竞争和选择过程。

这也就是说，产业技术创新体系的主要构成有两大部分：一是以产业内企业群为主导，围绕特定产业技术开展研究与开发并实施生产的技术体系，以企业内和企业间相互作用的网络关系加以贯彻；二是将市场发展结构要素纳入体系之后再观测的创新活动，其中突出了市场的竞争与选择模式。可以说，前者强调了产业技术创新规律，而后者突出了产业市场发展规律，两者共同构成和决定特定类型产品及其产业技术创新活动，并形成产业创新体系的基本方面。

---

① ［挪］詹·法格博格、［美］戴维·莫利、［美］理查德·纳尔逊主编，柳卸林等译：《牛津创新手册》，知识产权出版社，2012 年。"第七章 创新系统：观点与挑战"。

这里需要特别注意，马勒巴（2002）特别强调产业创新体系中的系统化特点，认为产业创新体系是由一系列参与者在产品的设计、生产、销售过程中，通过市场或非市场的相互作用来实现的，这些参与者是由不同社会层次上的企业个体和组织形成，并反映特定产业部门参与者在专门技术领域上的学习过程、能力、组织结构、行为目标等。而融合各方因素的所谓产业和技术范式（Regime）的概念，蕴含了产业技术创新主体在特定创新环境中发展和变化的含义，显然，其中的产业技术发展的环境影响和约束尤其重要。

根据马勒巴的研究观点，不同的技术范式通常通过四个要素条件来反映其特征：①机会条件（对研究开发进行一定投资后产生创新的可能性）；②可占用性条件（保护创新不被模仿和从创新中获利的可能性）；③技术知识的积累性条件（创新或创新活动的系列相关性，或者说创新活动的连续性）；④知识基础特性（包括知识特性和知识传输方式）。一些学者认为，这些变量在影响特定类型的产业市场结构和产业创新活动方面，比企业规模或市场结构的影响更重要（Malerba，1997；Klepper，1996）。

以上述四个要素条件来刻画产业技术创新差异的思想主要是强调产业技术创新的市场机会特征、创新主体掌控特征、创新活动的积累和持续性特征、创新活动技术资源特征。前两者说的是产业技术创新的市场影响因素，后两者则说的是产业技术创新的技术规律因素。也可以说，以此四个要素条件为代表的所谓技术范式更多地关注产业技术创新的全过程。

因此，技术范式所表现的产业差异可以用来作为产业划分和产业技术创新体系研究的基础。同时，马勒巴（Malerba，2002，2004）还特别注重所谓"历史友好"模型来对行业动态发展进行分析，即十分注重产业技术创新的积累性特点。

再从产业技术创新的社会环境或政策环境的角度考虑，结合前述市场与政策影响、市场与技术规律影响这两类产业技术创新体系相关的研究，可以认为，所谓产业技术创新体系的组成，一要突出产业技术资源演化规律，二要结合产业技术发展过程中的企业内部和外部关系。此类关系可以概括为市场激励或约束，同时也正是在这个意义上，包含了政府政策作用或大或小的空间。

发达国家学者比较强调产业技术创新本身的演化规律及市场的竞争和选择，由此特别注意考察产业技术发展的市场差异性，即部门间产业技术创新活动在特定市场环境中的组成和作用差别。但管理学科的学者一般注重的是具有战略意义的产业发展，因此必然引入政府政策的调节因素加以考察，例如，国际技术创新管理领域的学者就曾针对生物制药（Collins，2004）、纳米技术等领域展开国家层面、产业层面的技术创新活动的研究。

就发展中国家有关产业技术创新的研究而言，特别是针对赶超经济体国家或地区的产业技术创新体系研究，需要更加重视政府政策调节作用和适宜的作用空间的研究，这方面的研究也比较欠缺。

国内关于产业创新和产业创新体系也从不同角度开展了一些研究。张耀辉在《产业创新的理论探索》（2002）一书中，主要从技术创新理念出发对新兴产业发展的经济学理论进行探索。吴贵生和李纪珍（2000）则从产业技术创新的角度阐述了"从产业层次上实施技术创新"的重要意义，论述了产业技术创新战略、产业共性技术的研究开发、企业规模与产业技术创新、传统产业与高新技术产业技术创新四个主题领域的重要议题。张凤和何传启（1999）根据国家创新系统的结构提出产业创新系统的概念，"产业创新系统是一个由机构和网络构成的网络系统，这些机构和网络通常参与产业方面的知识创新和技术创新，既包括国内机构，也包括国际机构，这些机构的存在可以促进本产业的创新能力，提高产业竞争力"。柳卸林在《21世纪的中国技术创新系统》（2000）一书中认为，产业创新系统从本质上看是一种网络关系，网络的结点主要是处于生产链不同环节的企业、大学、科研机构、中介机构和客户等，结点之间的联结方式主要有开展贸易活动和进行知识流动等。产业创新系统中的创新机会与结点的数量和结点之间的互动关系密切相关，结点越多，知识流动和贸易活动越频繁，创新活动也就越多。

综合国内外有关产业技术创新及其体系化发展的研究工作，产业技术创新活动既应当重视产业发展的市场结构和竞争环境，也应当重视产业技术本身发展的规律；既应重视产业技术创新活动中的市场激励和进化模式，也应重视政府政策有效支持的赶超、推进发展模式。

基于上述的理论梳理，下面拟从产业技术创新的技术资源发展规律、市场发展和政策影响等多方面的因素出发，分别从产业技术创新的生命周期特点、产业技术创新的网络结构特点、产业技术创新的环境因素和政府政策影响效应特点三个方面，总结分析产业技术创新发展规律。

（二）产业技术创新规律的综合分析

1. 产业技术创新的技术生命周期特性及规律

产业技术创新活动必须考虑重要的时序变化特点，在其过程中，相关参与者及其组合结构都有可能不同，而产业体系本身也绝不仅仅是围绕初期某一产品市场而定义和发展的。产业活动之所以成为体系，还因为包括了产品差别化及其技术资源的衍生关系，通过不断的产业技术创新活动，在其生产和技术资源演化过程中发展出复杂的组织结构特点。熊彼特在1912年出版的著作《经济发展理论》中，就曾根据产业结构以及工业发展动态过程不同对产业进行划分，并聚焦产业形成初期对传统产业技术创新的破坏效应。此后纳尔逊和温特（Nelson & Winter, 1982）进一步将其标记为熊彼特 I 模式，即具有"创造性毁灭"、创新活动的集中度低、创新者经济规模小、创新者等级排列不稳定、创新者市场进入活跃等特点，集中反映了中小企业为核心的产业技术创新范式，生物制药产业通常被认为属于这样一类创新模式。帕维特（Keith Pavitt, 1984）依据熊彼特《资本主义、社会主义和民主》（1942）相关的研究工作，又标记了熊彼特 II 模式的特征，即积累性技术进步与创新、创新活动集中程度高于 I 模式、创新者有突出的经济规模优势、创新者等级排列稳定、新创新者进入门槛较高等，集中反映了大型企业为核心的产业技术创新范式。特别在经济全球化的时代，大企业成为把握技术资源的主导力量，它们通过长期的技术创新能力的累积把持现有技术路径，并将其成功设置为阻挡新进入者的障碍。例如，化工和制药业、20世纪90年代的半导体产业（微处理器和动态存储）、20世纪50～90年代的大型计算机产业等。这些主要依据时间序列上产业技术创新复杂性和产业组织结构演变为核心的产业技术创新的相关研究成果，至今仍然具有重要的参考价值。

根据目前的研究分析，产业的动态发展主要来源于两个层面：一是多样化的产业技术的产生与选择的进化过程；二是产业技术创新体系中各要素的协同发展，也带来产业技术创新体系的发展。

首先，产业技术选择和产生过程的多样性和动态特性影响产业技术创新体系的构造。其中，多样化的产生过程涉及产品、技术、企业、机构（如新出现的专业化企业群、新的科学教育领域等）会增加多样性，并且和新技术、新知识的产生联系起来。产业技术多样化及大量新进入者参与的过程往往导致新兴产业及其技术创新体系的发生发展。值得强调的是，新参与者，无论是新的企业还是新的非企业组织，对于产业系统的动态发展都是十分重要的。新的企业往往带来创新过程所需要的多样化方法、专业化发展、知识内涵等，它们为改变参与者的数量、技术特点、产品特点起了重要的作用。并且新进入企业所扮演的角色在各个产业的表现各不相同，因此对产业技术创新体系的影响也各不相同。这也是和产业的知识基础、能力的扩散和分布、非企业组织（大学、风险投资）以及产业制度的运作等紧密联系在一起的。另外，产业的纵深发展本身所经历的选择过程又会减少产业技术创新的异质性，从而使该产业逐渐从多样化的模糊产业边界走向边界清晰的专业化发展体系。这一选择过程主要是由市场选择过程实现的。总体来看，选择的结果就是参与者群体的增长，以及其行为和组织多样性的下降。

其次，产业技术创新体系中各要素的协同发展，也带来产业技术创新体系的发展。产业增长和变革是产业系统非常重要的特征，变革并不单纯意味着产业系统在数量层面的增长，它还意味着产业特质的改变和进化。通常在产业意义的系统进化过程中，变革往往可能发生在技术本身和组织学习体制以及综合创新模式上面。

总之，根据产业发展的多样性和专业化发展差异，产业技术创新活动的知识基础可以发生两方面的变化：或者向主流设计或主导产品收敛，或者以多元化技术创新（反映为跨产业的应用）的方式发散。前者构成逐渐稳定的产业技术体系及其技术创新架构，而后者则使得原有产业发生技术乃至产业内涵的改变，并伴随新的企业进入，最终使新兴企业群超过原有企业群而实现产业动态转型和变革。

综合而言，产业技术创新体系的演化不可能建立在一个静止的概念和组成上，以动态发展的视角观察产业技术创新体系，其产业活动及边界是随时间发展而变化的，因此，产业本身具有生命周期的特点。一般来说，熊彼特的两种创新模式在产业演化的意义上应当是随时间交替转变的，由此反映产业动态发展的规律。在熊彼特Ⅰ模式向熊彼特Ⅱ模式转变的情形，即产业发展阶段初期（知识创新迅速，市场不确定性高，进入壁垒较低），创业型企业和新创公司是主要的创新动力以及产业创新的主要来源；随着产业发展逐渐成熟，技术创新活动本身塑造出相对稳定的技术轨道，规模经济、学习曲线、进入壁垒共同构成产业边界，在此过程中资本市场资源对于竞争过程及产业发展显得尤为重要，大型企业逐渐占据产业技术创新的前沿；但当主流路径的知识、技术、市场进一步发展至饱和时，市场呈现不连续发展，熊彼特Ⅱ模式也可能将被熊彼特Ⅰ模式所替代，一个稳定的具有垄断能力的组织可能被一个更加动荡的组织所代替。由此反映新企业开拓新技术路径或专注于新需求的转变过程。后一种变化也就是今天我们统称为战略性新兴产业发展的契机和场合。显然，认识产业技术发展生命周期及其动态性发展特点是研究产业技术创新支撑体系的重要基础。

2. 产业技术创新的网络结构特征

从产业技术创新活动的发生发展过程及其相关的支撑元素来考察，必然涉及多种类型的创新主体和资源相互交叉的网络关系问题，而这种网络关系对分析和说明产业技术创新支撑体系具有重要的意义。

产业技术创新活动通常由一系列组织和个体组成，更为广义地说，产业技术创新体系中的参与者可以是组织，也可以是个人（如企业家、科学家等）；可以是生产者，也可以是消费者；可以是营利性企业，也可以是非营利性组织，如大学、公共研究机构、金融机构、政府组织、贸易组织、技术协会等。这些参与者涉及产业技术创新、产品生产、产品销售整个过程，并且在产生新技术、吸收和使用新技术整个过程中发挥作用。这些参与者各有其行为目的、行为期望和组织归属以及各自创新形式和能力，同时共同参与产业技术发展相关的知识和技术创新、知识和技术积累及其相关的学习、传播和扩散过程。

产业技术创新体系相关主题的研究文献反映，企业虽然是一般意义上的产业技术创新主体，但单纯的生产企业并不总是最适合的创新主体。例如，在生物技术或者软件的产业系统中，职业技术专家、科学家可能是主要的参与者；而对于电子产业来说，制定标准的产业协会以及联盟通常更加适合用来分析该产业的主导竞争者。在产业系统中，不同的参与者通过市场和非市场的关系联系在一起。例如，传统的产业组织的资源交换、竞争和支配过程中所涉及的参与者（被称作垂直整合），以及企业或非企业组织间的正式合作或非正式的合作。这就说明，在产业技术创新的发展环境中，特别是高新技术产业发展的多变环境中，网络关系的产生并非同质参与者之间的叠加，而是由于不同性质的组织相互作用和支撑，因此，网络关系是一种整合与互补的关系。特别在一些新兴技术产业，如生物技术产业、信息技术产业、通信产业的技术创新活动中，大学以及公共研发机构都可能成为创新的来源和引导者，并与相关企业群形成更复杂和动态性的网络。在这个意义上，所谓产业技术创新的网络关系更呈现一种立体结构，即由具有各类功能层次的组织构成的立体网络。

与此对应，产业技术创新的支撑资源应不仅包括成果型资源，也要包括动态知识形成过程的技术资源，通常表现为技术和知识创新载体的人力资源。

Becker 和 Lillemark（2006）认为制药业技术创新带有强烈的技术推动特征，这种技术推动的观点十分重视技术人力资源的储备和开发。如 Ramani（2002）分析印度在整合其市场营销、产品以及研究活动过程中主要问题时就认为，要将市场销售活动整合到制药企业价值链中，就必然对人力资源表现出新的要求，而将内部研发和外部合作结合的目的之一也是借助外部人力资源和智力产生过程的整合和替代。Stuart 和 Ozdemir（2007）研究了大学、生物技术公司、制药企业之间的垂直战略联盟，其中也特别关注这三类组织在技术和知识上的互补性以及垂直网络的构建。一般而言，在这些高技术产业的发展过程中，企业与高校及研究院所之间较强的网络关系自然具有产业技术的创新倾向，并且也会更好地实现新技术的商业化。

值得强调的是，以此种由多类功能组织构成的立体网络结构来分析产业技术创新活动及其支撑体系，除了必须具有产业发展周期的划分，而且要有创新主体的主次之分以及要有支撑基本面的分析。例如，纺织行业，精密的纺织机械制造技术与纺织品的设计技术属于纺织业发展的组成部分，但前者的创新主体往往为大型企业，后者的创新主体则往往是以高科技和时尚性为特征的中小甚至微型企业；前者的技术支撑往往是机械电子和信息技术及其相关的专利和专有技术，后者的技术支撑则往往是以信息和计算机技术为手段的设计技术及具有高附加价值的商标体系；前者可能具有较强的政府政策支持的需求，而后者则主要靠更完全的市场竞争来提供产业高速度高质量发展的条件。伴随着产品全球化和愈益差别化的市场发展的大势驱动，作为纺织业的两类技术创新活动及其创新主体的地位虽然同样重要，但其支撑面和不同时期、不同市场需求环境下的主次关系显然不同。

根据这样的分析，产业技术创新过程需要结合产品技术创新、制造工程技术创新、商业模式创新等多个层面，同时结合产业发展的不同阶段和产业特点，分析主导性的技术创新主体及其网络关系。还要关注对这些层面和网络中对创新活动起到支撑作用的机构和职能部门，如资金支持平台型组织（金融服务等）、信息交流平台型组织（贸易组织和技术协会等）、政府公共机构（对远期市场效益的技术和知识储备性创新提供支持的组织）、法律机构（用于建设正常保护技术和知识成果以及公平市场竞争的公共组织）以及动态人力资源培养机制和平台（通才和专才培训体系）等。

3. 产业技术创新的产业内和跨产业技术收敛与融合特征

产业技术的形成和发展存在两类特性：一是产业技术创新的产业内收敛现象；二是产业技术创新的产业间跨越或产业间收敛现象。忽视这两类产业技术收敛，特别是后一种收敛现象，相应的政策调节往往会出现事倍功半的效果。特别是计划经济体制下，往往会注重第一种产业内技术创新和收敛，而忽视跨产业边界的技术收敛。

罗森伯格（Rosenberger，1976）首先提出技术收敛（Technological Convergence）这一概念特征，即表现系列产品的制造过程趋向于应用同一或类似技术资源的倾向。特别是自 20 世纪 90 年代以来，产业技术发展的两类收敛现象及其相关战略使得技术收敛的理论显得更重要，并且也引出很多相关的研究。其中一类研究强调技术创新的行业性特点（Patel & Pavitt，1994，1997），认为任何产业总以一系列特定的技术群（核心技术领域）来主导该行业的企业，不同行业的核心技术领域不同，其发展逻辑即所谓路径依赖（Path - dependency），而发生于产业内的技术扩散（Spillover）促成了这类产业层次上的向主导技术群收敛的技术发展格局，这一类研究可以总括为产业内技术收敛的分析理论。另一类研究文献则更多地描述技术跨行业发展的规律。由于技术发展日趋复杂化，高技术更多以融合于以往产业技术的方式发展，因而技术发展机会和潜力存在于更多样的各类技术领域的交汇之中，因此技术领先型企业往往更强调宽范围技术资源，于是形成跨产业的技术资源发展格局。

可以看出，技术资源的产业内收敛（多与产业边界清晰的产业技术发展相联系）往往构成后发国家企业群的技术路径依赖性赶超；而产业间收敛（由于跨越产业边界，多与新兴技术发展现象相联系）则预示着战略性新兴技术的出现，也是赶超经济体国家真正实现赶超的机会所在。此外，这一现象也说明，产业技术创新的边界更适宜以技术的角度来观察和分析，而非以产品的角度来观察和分析。

4. 产业技术创新的环境因素及政府干预效应

从产业技术创新的各类影响关系来看，既有产业技术发展一般意义上的投入产出的线性关系，同时也往往存在不同产业和不同地区检验结果反映出的非线性关系，而产业技术创新投入产出的非线性关系表现的重要原因，除了产业技术本身发展规律的差异之外，主要来自产业技术发展的环境差异，反映为特定国家和地区发展相同产业的差异，其中特定产业发展的政府政策引导和规制作用尤其重要。对此类产业技术发展的创新环境综合分析如下：

首先，产业技术的发展必然受到社会环境，特别是当时当地的政府规制和政策的影响。例如，卡尔森（Carlsson）认为政府政策可能在改善现有技术系统的功能或促进新技术系统的产生方面发挥作用；而纳尔逊和罗森伯格认为系统不能由政策制定者人为设计；还有的学者认为，部分要素可以由政策制定者特意设计，部分要素其实可能是要随时间进化而逐步自发产生的。由卡尔森等人定义和研究的所谓技术支持系统（Technology Support System）其实是要与政府政策作用等环境因素区别开来进行讨论和考察的，也突出了技术创新活动中技术发展自身的规律性因素。

其次，需要注意政府政策对产业技术创新的作用具有正面和负面的效应。从一些国际学者的研究中反映出，政府政策的影响有正面和负面的结果，特别在创新法规对研发效率的影响上，如政策效应比较明显的制药行业和半导体行业。詹森（Jensen，1987）认为创新法规对研发效率有负面的影响，而托马斯（Thomas，1990）则以美国为例肯定了创新法规的积极作用。赫默特（Hemmert，2004）分析了制度因素如何影响一个企业的技术获取，包括研发人员的劳动资源政策、外部技术和知识源的可获得性、科技政策、法律以及行政环境等。他通过对组织间技术和知识转移效果的观测，特别在企业获取技术效应层面，针对德国和日本的制药企业以及半导体企业的研究结果指出，上述政策因素的影响因不同国家而存在显著不同。Walsh 和 Le Roux（2004）分析了跨国公司在将两种抗癌症药物商业化的过程中在美国和法国的不同表现，用以分析不同国家创新体系的差异，这为比较分析各个国家的政策环境以及进行行业国际比较提供了一种分析思路。Desmet 等（2004）运用企业层数据分析了西班牙的创新政策对制药行业的影响，从而政策对创新与创业整个过程的影响，从创业的研发管理、资金来源、以专利为代表的技术资源及其管理、产品生命周期、研发周期和组织周期之间的协调，到商业、工业、市场周期的整合等。显然，如果把政策的考察面放得宽一些，时间长度放长一些，则政府政策的正面、负面作用都会有所表现。

最后，由相关研究也可以看出，除了影响特定产业和一般意义上的产业技术创新的社会因素之外，政府相关政策的多样化和针对性政策（包括直接和间接支持性政策）也是实现产业技术创新的重要方面。其特征包含资本（资金）、知识产权制度和不同技术发展阶段上的资源协调和支持，以及促进商业性活动、产业性活动和市场活动的平台型政策。为了突出这些政策的落脚点以及相应的职能机构在产业技术创新过程中的服务机能，有必要突出产业技术创新体系的设施型支撑单元。

此外，产业体系及相关技术创新系统发展和政府政策及相关制度之间的关系，也并非总是自上而下的单一方向影响关系，即政策和体制影响产业发展，有时方向会相反，即从产业形成和发展影响政府政策乃至相关产业制度。事实上，不同国家出现的不同主流产业就能在某种程度上解释国家体制的不同。特别是某些时候一个产业的发展及其体制对于一个国家的经济发展而言非常重要，如雇佣体制、竞争体制等。因此，产业政策乃至宏观政策的演变过程中也渗透了主要产业或主导产业动态发展的历史。

二、产业技术创新的支撑资源分析

本研究特别关注产业技术发生发展的体系化结构。通过前述综合分析可以理解，产业技术创新的技术资源发展总是以技术推动和市场拉动（包括政策激励）为基本动力，同时又通过其中的三类重要网络关系及其载体发生发展：一是产业技术资源（研究开发与创新）的网络关系及其载体；二是技术创新的产业化资源（企业及其网络组织）的网络关系与载体；三是产业技术创新的设施型资源（资金和辅助技术）的网络关系及其载体。可以看出，产业发展的技术资源固然重要，但也必须和其他两类资源协调发展。

根据系统化的产业技术创新体系的内涵和外延分析，可以勾画出产业技术创新支撑资源的组成。概括而言有以下几个方面：

第一，产业技术资源：其中包含了产业技术资源要素，既有知识创新所产生和提供的新技术资源，也有产业发展过程产生和提供的工程和生产技术资源，从而反映了多层面、产业技术发展周期不同阶段上的技术资源及其必要的网络关系。

第二，技术创新的产业化资源：其中包含了作为产业化主导群的企业群体及其网络关系，同时也反映了其中起到促进网络关系发生发展核心作用的市场拉动内涵。

第三，产业技术创新的设施型资源：其中包含了产业技术创新的设施型条件和要素，反映了产业技术创新中各类外部支撑机构及其运行机制的网络关系和关键作用。

第四，产业技术创新的环境要素和政策资源：这类环境要素及其相关的政策资源对上述三类资源都会产生影响，它们既可以理解为特定国家和地区的社会文化条件和市场环境，也包含其中起到特殊影响力的政府政策力量及其着力机制。

下面对上述四类资源及其网络关系进行详细的分析。

（一）技术资源支撑

产业技术创新的技术资源是支撑产业技术创新的重要组成部分，也可以称为产业技术创新的供给部分，应当结合考虑不同类型的技术资源供给特性，即产业技术不同发展阶段、不同产业、不同知识创新和技术创新的接续关系等的形态和特点，差别化对待产业技术创新的技术支撑功能和表现。

1. 路径创新型的技术资源支撑

产业技术创新的发生发展是沿时间轴展开的具有生命周期特性的系列活动。最早将产品生命周期与技术创新过程联系起来进行研究的是艾伯纳西和厄特巴克（Abernathy & Utterback，1975，1987）。他们分析了产品生命周期中不同阶段技术创新活动的分布形式，从创新过程演化的角度，将产品创新、工艺创新及产业组织的演化划分为典型的三个阶段：流动阶段、转型阶段和专业化阶段（也称固化阶段），并据此建立了著名的 A－U 创新模型[①]（见表 3－1）。

---

① G. 多西：《技术进步与经济理论》，经济科学出版社，1992 年。

表 3 - 1　产业技术发展的生命周期规律

项目	流动阶段	转型阶段	固化阶段
产品创新特征	高频度产品技术创新	主导产品技术创新	批量生产技术创新
	多产品制造技术	质量控制/标准化设计	高度标准化
	柔性设计	差别化产品设计	批量生产
	定向服务	库存管理	规模经济
过程创新/工艺创新特征	瓶颈障碍类型/集成类型创新	高频度过程创新	成本管理类创新
	通用设施/高附加价值劳动密集型创新	元器件系统化/专用设备设施/标准化设施	专业化生产设备体系/标准化原材料
	中小企业创业型创新	供应商组织体系创新	大规模生产体系创新

在此基础上，国际学者的相关研究曾提出了产业技术生命周期发展的连续和非连续特性，如 Anderson 和 Tushman （1990） 提出的技术生命演化理论，特别强调了新技术产生时的非连续状态，必须经过多种产业潜在技术拥有者之间的激烈竞争过程，才能在市场选择中浮现主导技术范式，进而进入渐进变革阶段，直到下一个新的非连续技术状态出现。

这里，必须突出技术发生发展的"前产业"阶段，即产业技术路径创造的阶段，正是在这一阶段可能孕育特定地区乃至特定国家的新一代企业群的出现，并通过这些企业群对原有产业技术路径企业群的可能替代过程实现新路径上的赶超和竞争地位的替代，也是后发经济国家或赶超型经济体可能真正实现超越的产业基础。因此，我们特别将产业技术路径创新的技术资源单独列出，以便突出这类产业技术创新活动中最关键的技术资源支撑。

2. 路径依赖型的技术资源支撑

与前所述相对，产业技术的发展和成熟更经常地表现为产业技术路径依赖型创新，需要渐进形态的技术创新活动支持和相应的技术资源支撑，特别在不同产业之间，更鲜明地显示出产业内创新活动特征和资源需求类型以及市场结构的差异，即使是同样处于产业技术发展和成熟阶段，其技术支撑资源类型可能都是不同的。例如，根据国际上技术创新领域和经济学领域研究成果看，制药业的技术资源供给及其研发效应与半导体及集成芯片产业就存在显著差别，企业的规模优势或研发的规模经济特点即使在制药业本身考察也具有很大差别。例如，Comanor （1986） 认为公司规模越大实际上并不利于所有的药物创新；而 Alexander （1995）、Henderson 和 Cockbum （1996） 等人的研究则表明，公司越大，研发效率越高，公司规模不一定对研发边际效率有负面的影响；Mc Namara 和 Baden - Fuller（2007）的研究则持比较折中的观点，认为较小的企业在研究过程中研发效率较高，而较大规模的企业获利性比较高；等等。同时，从产业技术创新的单元特性来看，产业之间也存在重要差异。例如，制药产业发展的企业间合作创新关系具有重要的决定性作用，因而很多研究都集中在制药创新研发的企业外部联系和内部合作上，并且多和生物工艺有关。这充分说明制药产业作为一个有代表性的产业，本身的产业化单元与技术供给单元与其他产业相比都有明显的差异。有相当多的文献将此种差异归结于企业间价值链的整合特点上。

另一个重要的产业技术路径依赖型创新活动的差异在于产业技术开发与其基础科学研究的联系程度。仍旧以制药行业为例，Gambardella（1995）曾强调制药研发与生物工艺、分子生物学的密切联系，并且指出制药研发明确了大型制药公司和中小型生物公司之间、高校和其他研究机构之间的特殊依赖关系；Powell（1996）等人的研究发现，当产业技术知识体系、专有技术呈现多元化发展时，产业技术创新往往依赖各个产业单元组织间的合作，而大量研究也证明，此类产业仅凭企业内部合作获取重要技术成果是远远不够的。但在其他产业如半导体产业（集成电路产业）、通信设备产业等，与制药业的发展则截然不同，某些产业的技术创新甚至远离基础研究可以完全独立地开展。由此可以得出，对于具有现行或成熟路径的产业技术创新活动的技术资源支撑和供给而言，应十分注意产业本身的发展特点。

（二）产业化资源支撑

毋庸置疑，产业技术创新的最终表现和评价基准都应当以产业化效应及其发展水平论高下，在这个意义上，企业及其群体应是产业化的主体和推动者，其中既包含推动渐进式创新的大型企业的作用，也包含促进技术多样化发展并可能孕育路径创新的中小型企业的作用，并在不同领域的技术创新过程中构成其产业特征。

值得再次强调的是，这类技术创新的产业化过程中的网络关系尤其重要，其中既有连接不同技术领域的横向网络关系，更有联系知识创新、产品创新、工艺创新，以及服务于创新过程的纵向网络关系的支持。因此，产业技术创新的产业化资源支撑应十分注重企业为核心的多种参与者的网络关系。

事实上，形成产业的核心标志——典型产品及其产品群的发展，是由推动该产业发展的企业群的生产和产出水平决定的，而这些生产活动和生产水平又是受制于多类资源的质量和动态发展过程的。卡森提出的技术系统，也并不把这一概念局限于技术本身，而是强调产业技术的产生、转移、应用所依赖的社会经济网络，并认为这种技术系统最终会转化为具有产业边界意义的发展群落（Development Blocs），即产业内企业群及其相关技术群的相互依赖的集群关系。

一般认为，产业技术创新的产业化资源及其网络组成主要有以下方面：

第一，新兴技术的产业化活动所依赖的创业型企业、中小企业网络关系，其中包括：产业化内在资源（如人才、互补性技术等）；产业化外在资源（如高技术市场竞争、风险投资活动、企业家文化、地方和国家政策等）。

第二，成熟产业边界内技术创新的产业化发展的主导企业网络关系，其中包括：产业化内在资源（如人力资源、资金、互补性技术等）；产业化外在资源（如资本市场和产品市场竞争水平、国家政策等）。

综合以上，产业技术创新的产业化资源支撑应在更广阔的范围定义和发展，使其涵盖技术创新的产业化活动相关的主导型群体，同时能反映技术创新的产业化时序阶段特点和网络关系特点的相关设施和资源。

（三）设施资源支撑与政策环境

产业技术创新的发生发展，除了技术资源支撑、产业化过程主导群体支撑之外，还必须具有支持产业技术资源和产业化资源的各类社会和经济组织，发挥发展其设施型支撑的职能，使得技术资源和产业化资源得以有效配置和发挥作用。同时，产业技术创新及其发展过程都是在特定的文化和社会条件下发生发展的，如前所述，此过程中相对应的政府政策环境（包括国家层面和区域层面的政策）是重要的条件，某些情况下甚至是决定性的条件。

三、产业技术创新支撑体系的概念及理论模型

基于以上有关产业技术创新及其资源支撑的分析，本研究提出产业技术

创新支撑体系的概念，并分析其内涵，进而归纳提出产业技术创新支撑体系的功能结构模型。

（一）产业技术创新支撑体系的概念内涵

与产业技术创新体系概念相比，产业技术创新支撑体系概念更加强调"支撑"，强调产业技术创新过程中"支撑"产业技术供给、产业化及相关服务等功能的主体、关系、网络（结构）以及环境等。据此，本研究将"产业技术创新支撑体系"表述为，是国家范围技术创新体系的重要组成部分，以系统提升国家产业核心竞争力为目标，旨在为产业发展和新兴产业培育提供技术创新支撑，表现为促进、支持、保障产业技术创新活动的组织结构与运行机制。

（1）产业技术创新是产业发展的重要内容，贯穿从产业技术获取到产业技术产品化、商业化的全过程。

（2）产业技术创新支撑体系是产业技术创新的支持系统，为产业技术创新提供软件和硬件的支撑。

（3）产业技术创新支撑体系由支撑产业技术创新的人才、资金、技术、政策等一系列要素构成，涉及官产学研等各方主体，发挥着创新技术供给、创新技术产业化、技术创新服务及政策和社会环境营造的功能。

（二）产业技术创新支撑体系的功能结构模型

根据上述分析，我们从功能角度提出产业技术创新支撑体系的基本构成（见图3-1），即"创新技术供给、创新技术产业化、技术创新服务"三方面的基本功能及相应的政策和社会环境（简称"3＋1"）构成的基本分析框架，其间的箭头则表示其中的网络关系。

1. 创新技术供给

从技术的来源分析，产业创新技术供给应包含以下几类：一是具有产业技术创新潜在价值的基础研究与应用研究成果的获取与开发；二是沿产业技术周期不同阶段展开的技术资源的开发与集成；三是沿产业链关键环节相关技术的开发与集成。

根据产业生命周期不同阶段可以划分出以下两大类六种形态的产业创新技术：

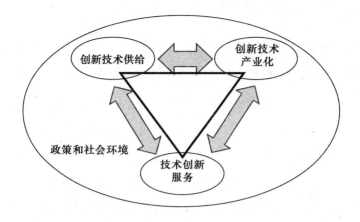

图3-1 产业技术创新支撑体系的基本框架

（1）产业形成期技术。具体包括：

1）前瞻型技术。属于超前发展的技术资源类型，尚未形成任何可预测的市场前景。这些技术的存在主要出于技术发明者基于技术发展趋势的前瞻性开发或常规研发过程的副产品。这类技术是萌芽型产业技术的重要来源和发展基础。

2）萌芽型产业技术。属于潜在的技术资源类型，多以发明专利形式存在，其市场发展具有高度不确定性，但是为新兴产业技术的发展提供了储备性资源，是市场性技术资源的重要补充，也是政策性激励导致的技术创新成果向产业化发展的一个路径。

3）新兴产业技术。初见于市场并已经初步形成小规模产业的产品及其工艺支撑技术类型。从经济学角度观测，之所以称为新兴产业技术主要在于其较突出的市场增长率水平。

（2）产业成长及成熟期技术。具体包括：

1）关键产业技术。某一类产业发展特别是战略性产业发展的核心技术或主流（主导）技术，这类技术往往相对成熟，但研发成本极高，对于发展中国家的企业来说，攻克关键产业技术是重要的学习和赶超目标。

2）平台型产业技术。此类技术具有两种所谓平台含义：一是沿产业链条纵向发展的贯穿型平台技术；二是跨产业可以横向扩展的平台型技术。此类平台型技术多处于某一类产业技术发展的转型期阶段，也可能存在于另外一些产业的前产业期阶段，新兴产业的发展可利用已有产业的技术，后者就构成了平台型技术。

3）规模型产业技术。常见于大规模生产、集中度较高的产业中，从政策角度看，应主要集中于具有影响国民经济发展、产业附加价值定位的重要产业，这类产业一般具有资本密集型特征，具有较高的进入门槛，代表着一个国家或地区的核心生产能力，因此除了具有产业技术发展的自身特点之外，资本的控制和开发对这类产业技术具有重要作用。

同时，从政策环境建设的角度考察，还应注意两类技术：一是市场失灵型技术，多见于第二大类产业技术；二是市场竞争型技术，第一大类和第二大类都可能存在。前者属于产业技术创新的重要基础和立足点，关系国家安全和产业安全，需要政府政策的必要干预；后者则属于市场竞争范畴，表现为市场细分、产品差别化、企业个性化等特征。总体看，这类技术是大量和长期存在的，对此类技术的支持应十分注意市场发展的规律和作用，并兼顾国家和区域产业技术发展的可能促进作用。政府提供环境即可，不适于政府政策过度干预。

不同类型的产业技术发展，其提供创新技术供给的主体是不同的。第一类产业创新技术（产业形成期技术）资源供给主体主要以相对独立的高校、科研机构群与企业结合产生，而第二类产业创新技术（产业成长与成熟期技术）资源供给主体则主要依靠企业群，特别是大型企业群来高质量地实现。

2. 创新技术产业化

创新技术产业化包含以下两个方面：一是实现潜在产业技术成果工程化和产业化；二是实现现有产业技术创新成果商业化，并创造创新产品市场价值。我们用三类产业技术形态来分析创新技术的产业化实现。

（1）产业内收敛型技术的产业化。产业内收敛型技术创新主要体现为原有产业路径下的技术创新，体现为关键产业技术、平台型产业技术、规模性产业技术三类产业技术创新及其市场开拓活动。此类产业内收敛型技术创新往往是原有产业技术路径依赖型创新，其产业化过程必然在企业内或企业间完成，特别是在具有强大研发力量的大企业层面完成。因此，大型企业、跨国公司往往既是此类产业技术创新活动的技术供给主体，也是创新成果产业化的主体。但客观情况是，大企业并不一定倾向于走产业技术创新的道路来强化自己的竞争实力，因此对这些企业成为产业技术创新主体的前提条件是市场的技术竞争压力和政策创新约束型驱使。这对这类技术创新的产业化活动所处的市场环境和政策环境需要提出一定的要求。值得指出的是，大型企业走出去或走国际化发展道路，面临技术竞争压力更大的国际市场环境，会有更强的产业技术创新倾向。

（2）产业间（跨产业）收敛型技术的产业化。产业间或跨产业技术收敛的创新活动往往具有偶然性和多样性，仅仅靠技术目标明确来开展研发活动的大型企业往往不够。而高技术中小企业甚至创业型企业群体积极性较高，因为它们参与市场竞争仅有的优势在于技术创新本身。作为企业群体来说，其对应的产业部门和类型也相对较宽，实现的技术创新供给资源可能蕴含萌芽型产业技术、新兴产业技术、关键产业技术三类产业技术，因此这类企业群体应当是技术创新产业化的天然主体。同时，某些大企业也能在跨产业的平台类技术创新活动中积极参与，取得兼有资本和技术力量的竞争优势。相对而言，由于高技术中小企业群存在市场技术竞争的强大压力和市场环境的约束，往往需要更多的政府政策支持和更强的市场需求拉动，因此加速培育高新技术产品的消费市场，同时为中小型高新技术企业营造更便利的创新环境，是这类企业开展产业技术创新成果市场化和产业化的重要条件。

（3）多主体联盟框架下的创新技术产业化。随着产业技术创新的发展与基础研究、应用研究的关系越来越密切，随着产业技术的跨产业发展和产业技术创新国际化的发展趋势，单一企业实现技术供给或实现产业化本身都越来越艰难，因而多主体联盟框架，特别是产学研联盟框架就成为创新技术产业化的最佳机制（或称主体）选择。其典型形态包括依托高校的创业活动、校企联合研发成果的产业化实现、企业间的纵向和横向联盟等。

3. 技术创新服务

综合以上有关创新技术产业化过程的网络关系的描述，产业化过程除了技术资源的供给、产业化载体本身之外，还有一类设施及其相关服务不可忽视。总结发达国家产业技术创新的成功经验，它们往往成为良好创新环境的重要标志和不可或缺的组成要素。为强调这一设施性资源的重要性，本研究特别将这一类设施资源单独提出，构成产业技术创新支撑体系三极中的一个极点。从其功能表现可以分为以下三类：一是为产业技术创新过程提供经济资源的支撑，如风险投资等；二是为产业技术创新提供有形技术设施服务，如为产业共性技术开发过程提供试验、测试和检测设施；三是为产业技术创新过程提供无形技术设施服务，如为产业技术创新活动提供信息、文献、专利、技术评估、技术转移、技术交易等服务。

产业技术创新离不开这三类设施或服务的支撑，这些产业技术创新支撑设施和相关机构为产业技术创新提供社会资源，而不仅仅是市场资源。具体分析，可以分为以下几个类型：

（1）技术开发的金融支持与服务：用于产业技术创新过程的资金支持，尤其是高新技术中小企业和高校参与的产学研联盟的技术开发过程的资金支持。具体表现形式多为民间和政府政策支持的高新技术投资机制，如天使投资、风险投资等机构及其支持功能，在高技术和新兴产业的发展过程中扮演重要角色。

（2）技术信息和情报分析与服务：用于不同机构产业技术资源开发过程的技术导航、技术预测、技术扫描等环节的服务。

（3）知识产权服务：用于不同机构在所有类型产业技术资源开发过程的知识产权的检索、导航、保护、价值开发、战略布局等服务。

（4）工程技术开发服务：为技术创新活动提供所需的工程技术综合配套试验条件和专业化服务。

（5）技术开发过程的人力资源平台与管理服务：在产业技术开发过程中，需要灵活的人力资源流动平台。通过现有的各类技术创新基地，也可以通过更具有组织创新类型的人力资源流动平台，为产业技术的研发和成果转化提供最关键的创新资源。

值得指出的是，上述五个类型的设施及其服务，既可以由政策支持实现，也可以由市场化方式来实现。通过民营与国有机构甚至外资机构共同发展的产业技术创新服务设施建设，本身也是创新型国家或区域创新体系数建设的重要组成部分。

4. 政策和社会环境

产业技术创新得以顺利实现需要适宜的制度和社会文化环境，包括经济、科技、金融、法律、工程技术培训和教育等各项事业的繁荣和相适应的社会氛围，不同时期有针对性、参与适度的政府政策尤为重要。有关政策和社会环境的建设，主要反映为产业技术创新支撑体系中，针对不同功能构成所制定的或能够施加相当影响力的相关法律法规、政策规范和具体措施等，良好的政策环境可以不断完善推动这一支撑体系各基本功能构成及其作用的有效发挥。当然，政府政策的过度使用也可能导致产业技术创新活动的低效和创新环境的倒退。

总之，产业技术创新支撑体系的三个基本功能构成（创新技术供给、创新技术产业化、技术创新服务）的发展，都不能脱离特定国家或地区的政策和社会环境的影响。事实上，这些基本构成的内涵和外延发展都是在特定的制度和社会环境下，在或强或弱的政府政策环境下发生发展的。因此，本研究的理论分析框架将这一重要的影响因素作为三个基本构成的活动基础表现出来，所阐述的政策和社会环境面向产业技术创新支撑体系的三个基本构成，强调其间明确而有效的政策效应，由此形成政策和社会环境与三个基本构成之间的支持与互动关系。

目前公认的结论是，产业技术创新的规律和逻辑体系与产业技术创新的政策和社会环境建设，都不能与一个国家或地区国民经济的发展需要相脱离，产业技术创新活动及其发展的最终目标还是要提升本国或地区的经济发展质量和水平，也是可持续经济发展的重要支撑，某些时候可能是起主导作用的部分。因此，基于国情和经济发展的近期和远期需要来构造产业技术创新支撑体系是十分必要的。

四、本章小结

在对产业技术创新相关理论的梳理和分析的基础上，本章综合提出了以下研究观点：

第一，产业技术创新支撑体系的建设和形成具有时代和国别特点，而赶超经济体发展需要政府政策调节。但产业技术创新活动的体系性又要求政策制定者十分注重技术创新的政策推动和市场拉动两方面力量的协调发展，尤其在产业形成阶段注重市场失灵现象，完善相应的政策支持；而在产业发展和成熟阶段注重市场竞争的不完全性，采取适度的政策手段；同时，应十分注重产业技术总体发展中技术创新活动的市场竞争的基础性作用。

第二，产业创新技术供给—创新技术产业化—技术创新服务，三者在产业技术创新的政策和社会环境下呈现网络化发展的"3+1"结构。此结构强调了国家和区域层面政府政策与社会文化环境的影响作用。

第三，产业技术创新支撑体系的建设和发展还应特别注意产业技术发展规律和市场经济发展规律，明确两者之间的区别：政策环境和产业发展战略应把握产业技术发展瓶颈、注重创新的技术资源支撑，同时把握市场需求拉动效应和完善相应的市场需求条件。

第四，产业技术创新过程中，应十分注意产业形成阶段和产业发展与成熟阶段的技术资源供给支撑、产业化资源支撑、技术创新服务资源支撑的差异。重要的差异表现在资源支撑主体及其网络联系特征上，如产业形成阶段和发展过程中，中小企业、创业型企业、产学研联盟发挥基础性作用；而在产业发展和成熟阶段，大型企业及其内部研发机构具有不可替代的主导性作用。

第五，产业技术创新支撑体系的三个基本构成作为政策着力点在不同时期和产业技术发展不同阶段而有所不同，从而应明确不同产业三个基本构成中创新主体及其功能定位，并进而发挥相应政策效能加以激励和约束，引导各主体之间的有效协同，最大程度地发挥产业技术创新支撑体系的作用和功效。

需要指出的是，以上提出的产业技术创新支撑体系的基本构成是针对产业技术创新的共性规律提出的，是各产业技术创新支撑体系构建应包含的基本内容。针对不同产业，可能不仅仅包括这些基本构成，可以根据具体产业的特点进一步丰富。如生物医药产业中，医院和监管机构所扮演的角色是其他产业所不具有的，需要对其在产业技术创新中的作用进行深入研究。此外，针对不同产业描述该产业技术创新支撑体系构成时，需要进一步分析该产业中承担上述各方面功能的主体以及相互间的关系和特殊机制。

在本章前面的文献综述和分析中已经指出，国内外学术界关于产业技术创新体系的研究，尚处于初级阶段，还没有形成比较一致认可的理论体系。在本研究中，我们结合中国的现实发展，对产业技术创新体系及其支撑体系进行了一些理论分析和探讨，提出了若干新观点和理论分析框架，有助于我们对具体产业进行分析。但这些研究还有很多不足，需要从理论和实践两方面不断地完善。

第四章 产业技术创新支撑
体系的主体及功能

产业技术创新支撑体系的功能实现需要由相应的主体来承担，基于产业技术创新支撑体系的功能结构模型，本章重点对产业技术创新支撑体系"主体"的概念内涵、主体类型及其功能进行探讨，并以美国为例介绍其产业技术创新支撑体系主体的状况，分析我国产业技术创新支撑体系主体的演变、问题及发展趋势。

一、产业技术创新支撑体系"主体"的概念内涵

（一）主体概念辨析

在技术创新相关研究中，主体是一个应用广泛但又存在认识差异的概念。人们对"主体"一词经常有不同的理解。

《现代汉语词典》列出主体的 4 种含义：①事物的主要部分；②在双向的关系中处在主动地位的一方；③哲学名词，和客体相对，指对客体有认识和实践能力的人；④法学用语，民法中指享受权利和负担义务的公民或法人；刑法中指因犯罪而应负刑事责任的人；国际法中指国家主权的行使者与义务的承担者，即国家。

《新汉英大辞典》列出"主体"的两种含义：①事物的主要部分（Main Body；Main Part；Principal Part；Mainstay）；②哲学上的主体与客体（Subject and Object；the Perceiver and the World）。

社会学的行动者网络理论的核心概念是行动者（Actors），由此可引申出主要行动者（Major Actors）。

以上关于主体认识的差异，主要源于主体在不同的学科范式中具有不同的内涵，归纳如表 4-1 所示。

表 4-1　不同学科范式中的主体的内涵比较

主体涉及学科	主体的内涵
统计学	事物的主要部分（在数量比较的基础上）
政治学	在双向的关系中处在主动地位的一方（地位比较）
哲学	和客体相对，指对客体有认识和实践能力的人
法学	民法中指享受权利和承担义务的公民或法人
社会学	行动者网络中，没有所谓的中心，也没有主—客体的对立，每个结点都是一个主体，一个可以行动的行动者，彼此处于一种平权的地位

主体概念具有十分重要的理论价值，准确把握主体的概念内涵和特征，能够帮助我们更好地认识世界、把握规律。人们对主体概念的理解通常倾向于统计学角度和哲学角度，关注数量比较和主观能动性。

本研究采用综合视角来看待主体，依据前一章关于产业技术创新支撑体系的概念内涵和功能结构研究，我们认为，产业技术创新支撑体系的主体适宜采用行为主体（Major Actors）的概念，这些行为主体包含各类异质性的组织，它们具有特定的目标、能力、组织结构和行为方式等，并通过沟通、交易、合作、竞争和命令等相互作用。在一个产业中，技术创新可以看作是相关行为主体以创造、扩散和交换有关的知识和技术并实现商业化为目的的交互作用的复杂过程。

（二）产业技术创新支撑体系的"主体"概念

采用行为主体的概念内涵来分析产业技术创新支撑体系的主体，主要因为行为主体概念兼具能动性、实践性、社会性和责任性，具有综合性和包容性，适于从功能的角度来分析产业技术创新支撑体系的各个主体。行为主体的内涵主要包含两方面：一是具有主体性，行为主体要具有社会经济行为独立性，通常是能够承担独立责任的法人；二是具有功能性，行为主体能够承担产业技术创新支撑体系的不同功能。据此，在产业技术创新支撑体系的功能结构框架中，其主体是指在产业技术创新过程，特别是产业创新技术供给和产业化的过程中，能够发挥支撑作用，承担相应的功能并获取收益的组织或机构。

采用行为主体的概念意在突出主体的能动性、目标性和适应性。能动性是指主体能够主动地、自觉地、有目的地、有计划地参与或开展产业技术创新活动；目标性是指主体能够实现产业技术创新支撑体系的功能构成的目标；适应性是指主体能够承担产业技术创新支撑体系不同功能。

基于产业技术创新支撑体系"3＋1"功能结构模型，产业技术创新支撑体系的主体包含创新技术供给主体、创新技术产业化主体、技术创新服务主体、营造政策和社会环境主体四大类。其中，创新技术供给主体是指能够提供产业创新技术来源的行为主体；创新技术产业化主体是指承接产业创新技术，将其工程化、产业化，并实现商品化应用的行为主体；技术创新服务主体是指为创新技术供给、创新技术产业化提供技术转移、技术交易、信息、咨询、投融资、知识产权等服务的行为主体；营造政策和社会环境主体是指能够为实现创新技术供给、服务、产业化提供政策和社会环境支持的行为主体，主要指政府部门、立法和司法机构等。需要强调，在产业技术创新的实践中，某一组织或机构可能在产业技术创新支撑体系的不同功能构成中扮演主体角色，如某企业是创新技术产业化的主体，同时也可能是产业创新技术供给的主体，甚至可能承担一些技术创新服务的功能。

二、产业技术创新支撑体系主体的类型及功能分析

根据产业技术创新支撑体系的"3＋1"功能结构模型，可以将产业技术创新支撑体系的主体分为四类，下面分别对四类主体及其功能进行分析。

（一）创新技术供给主体及功能

创新技术供给主体是指能够提供产业创新技术的行为主体，这类主体或者具有对基础研究和应用研究成果进行获取和开发的能力，或者具有跨领域技术集成和开发的能力，或者具有围绕产业链引领或参与构建技术创新链的能力。

创新技术供给主体包括企业、大学和科研机构、产学研协同创新组织、国际合作研究组织等。企业通常是指拥有独立研发机构、具有较强研发能力的企业；大学包括研究型大学和专业型大学；科研机构包括公立的和私立的，营利的和非营利的，以应用研究和技术开发为主的专业化科研机构；产学研协同创新组织包括法人的和非法人的，实体的（如共建研发机构）和虚拟的（如依托现有研发机构及条件组织和开展合作研究）。

1. 企业

企业作为产业创新技术供给的主体直接开展或参加创新技术的研发和创新活动。从发达国家经验看，有较强研发基础和研发能力的大企业通常是产业界研究与开发活动的主要承担者，尤其是承担了产业界绝大部分的应用基础研究和应用研究，是产业共性技术和关键技术的主要供给主体。世界500强企业中多数都有自己的中央研究院或实验室，拥有雄厚的研发资金、先进的科研设备和优秀的研究人员。同时，中小企业在产业技术创新供给中也发挥着非常重要的作用，许多中小企业也是产业创新技术的重要源头和产业技术创新的生力军，中小企业具有创新效率高、反应速度快、创新接受程度高、应用化程度高等特点，尤其在一些新兴产业领域，如生物医药、信息技术等领域，许多中小企业是一些重大产业技术创新的贡献者和参与者。因此，企业作为产业创新技术供给的主体，又可细分为以大企业为核心的和以中小企业为核心的两类产业技术创新供给主体模式。

大企业为核心的产业技术创新供给主体模式主要体现在钢铁、汽车、装备等众多产业中。例如，韩国钢铁产业创新技术的供给主要依托其处于世界领先地位的钢铁企业——浦项制铁公司（POSCO），该公司成立于1968年，是全球最大的钢铁制造厂商之一，每年为全球超过60个国家的用户提供2600多万吨钢铁产品。自2010年开始，浦项制铁已经连续7年被权威钢铁专门分析机构——全球钢铁动态（WSD）评选为全球最具竞争力的钢铁企业。浦项制铁的研发重点是先进钢材开发、生产效率高和环境友好的生产工艺与技术等，对汽车钢板、船用钢板、电工钢板和不锈钢等产品的长期研发，使得浦项制铁的相关产品和生产技术处于全球领先地位，成为产业创新技术的重要供给者。再如美国、德国、日本等汽车产业领先国家的产业创新技术供给主要以骨干企业为主，这些骨干企业都有规模巨大的研究院，建立了全球化的研发体系。美国通用汽车的研发体系以通用美国工程中心为核心，由分布在德国、韩国、澳大利亚、巴西、中国以及印度等国家的研发中心构成。德国大众汽车集团的技术供给主要源于大众在沃尔夫斯堡的总部研发中心和海外研发基地（如美国加州 Palo Alto 的电子研究实验室和上海的大众汽车研究实验室等）。日本丰田汽车创新技术供给主要由丰田中央研究院及其分布于全球的研发机构提供。依托全球化研发体系，这些骨干企业长期以来在汽车产业创新技术的供给方面处于世界领先地位，在长期的技术创新过程中有了丰富的积累，与产业供应链中各环节形成了相互间的技术供给关系。

中小企业为核心的产业技术创新供给主体模式主要体现在新能源、信息技术、生物制药等新兴产业中。例如，在新兴能源领域，美国页岩气勘探开发就是由米切尔能源公司（Mitchell Energy Development）、大陆能源公司等一批中小规模的独立石油及燃气勘探和开采公司在水力压裂和水平钻探技术综合应用方面取得重大突破后才获得成功。[①] 在生物医药领域，中小企业是美国生物医药产业技术创新最活跃的部分，是众多创新技术的创造者和转化者。2008 年，美国食品药品监督管理局（FDA）所批准的 25 个新药中的 18 个均由中小企业研发，占比达 72%。2010 年，全美国拥有 1726 家生物医药企业，美国生物医药领域超过一半的成果都是通过中小企业完成转化的。在移动通信领域，专注于技术创新的中小企业向行业提供大量创新技术。美国移动通信产业中大量的中小规模的元器件企业为大企业配套，如射频解决方案 TriQuint 半导体公司，开发了 SAW（声表面波）滤波器，支持设备厂商第四代移动基站设备开发。美国的 Interdigital Communication（交互数字公司）拥有 2000 多项第二、第三、第四代移动通信基本专利，在全球范围内向苹果、高通、摩托罗拉、爱立信、诺基亚、华为、三星等全球主要移动通信大公司

---

① 关于美国激动人心的页岩革命及独立油气勘探开发公司的重要贡献，请参阅［美］格雷戈里·祖克曼著，艾博译：《页岩革命——新能源亿万富豪背后的惊人故事》，中国人民大学出版社，2014 年。

提供技术授权，专利许可费用收入占公司总收入的97%以上。

2. 大学和科研机构

大学和科研机构通常被视为知识创新主体，但由于科学和技术的快速发展，基础研究、应用研究和技术开发的关系越来越紧密，因此，大学和科研机构同时也是产业技术创新供给的主要源头，在产业共性技术和关键技术研发中扮演着不可忽视的角色。大学和科研机构在产业技术创新体系中的功能主要有三方面：一是从事知识创新。大学和科研机构通过进行各种科学研究，生产并传播知识，这些新的知识成为技术创新的思想源头。这是大学和科研机构在产业技术创新体系中的最基础、最重要的功能。二是培养创新型人才。大学和科研机构通过教育培训和塑造产业创新体系所需要的技术人才和管理人才，为产业技术创新提供高质量的人力资源。三是参与产学研合作创新。大学和科研机构将其知识创新的成果（如专利等知识产权）通过与企业联合开发，将知识创新和技术创新衔接起来，实现科技成果的商业化、产业化。

大学与科研机构是许多产业重大共性技术和关键技术的主要提供者。例如，美国麻省理工学院和斯坦福大学在美国政府的支持下，长期开展通信领域的应用基础研究，是第三代移动通信 CDMA 和第四代移动通信 LTE 技术的重要奠基者。在农机装备产业领域，美国加州大学戴维斯分校、康奈尔大学、普渡大学等高校在应用基础研究和原理性技术研究等方面发挥了主要作用，是该产业领域创新技术的重要供给者。同样，我国农机装备产业创新技术供给主要来源于科研院所和高校。其中，科研院所是农机装备产业创新技术的主要来源，90%以上的产业技术来源于中国农业机械研究院等科研院所。而相关大学凭借其基础研究的优势，主要提供材料、工艺、设计等共性技术。在纺织产业中，美国国家纺织中心（National Textile Center，NTC）是新纤维、新材料等前瞻性技术的主要供给者。NTC 是由美国涉及纺织科学的 8 所高校——奥本大学、康奈尔大学、克莱姆森大学、佐治亚理工学院、北卡罗莱纳州立大学、加利福尼亚大学戴维斯分校、费城大学和马萨诸塞大学达特茅斯分校共同出资组建。8 所大学的纺织专业均是美国纺织产业基础研究和应用基础研究的重要力量。德国"四大学会"中有关纺织产业领域的研究机构——亥姆霍兹柏林材料与能源研究中心、马克思·普朗克学会的塑料物理所和聚合物研究所、莱布尼兹固态和材料研究所、弗朗霍夫应用聚合物研究所，在前瞻性应用基础研究方面为德国纺织产业技术创新提供支持。

大学和科研机构虽然都是知识创新主体，但是二者之间也有不同，高校以基础理论研究、科技前沿探索为重点，并为产业技术创新培养人才，在产业技术创新活动中发挥基础作用。科研机构主要从产业发展的需求出发，进行应用研究和技术开发。二者之间通过技术、人员、信息等交流，共同促进知识传播和技术转移、扩散。

国家实验室等是"二战"后广泛出现的由政府直接投资组建的国立科研机构，是科研机构的重要形式之一，已经成为产业创新技术供给的重要主体。美国联邦实验室或联邦科研机构就是典型的例子，美国国家实验室或政府科研机构按照管理形式的不同分为两种：一是政府拥有政府管理，一般由联邦政府各部门设立并直接参与管理，如商务部下属的国家标准和技术研究院（NIST）、农业部下属的农业研究局（ARS）等；二是政府拥有委托管理，一般由各政府部门所有，但委托给大学、企业或非营利机构负责管理，所属部门一般不干预日常运营，如著名的洛斯·阿拉莫斯国家实验室（Los Alamos National Laboratory，LANL），就是美国能源部所属、委托给加利福尼亚大学管理的。

3. 产学研协同创新组织

产学研协同创新组织成为产业创新技术供给的主体，是国际趋势。这类组织日益成为企业、大学、科研机构合作研发与创新的重要载体，通过优势互补，资源共享，促进产业技术创新。

在欧、美、日等发达国家，产学研协同创新组织已经成为应对产业技术创新不确定性与市场风险的主要措施之一。日本在超大规模集成电路、超导材料、纳米技术等研究开发计划中，都采取由政府组织，企业牵头，大学和研究机构共同参加实施的方式。1988年日本文部省、通产省和科技厅共同支持建立的国际超导产业技术研究中心，共有88家企业和数十所大学参与其中。德国通过创新网络计划（InnoNet）、主题研发计划（Fachprogramme）等一系列措施来推进产学研合作创新、致力于研究成果的产业化。据有关报道，2012年德国的35家企业和科研机构发起成立德国集中式太阳能动力网络（Deutsches Industrienetzwerk Concentrated Solar Power，Deutsche CSP）。这是一个产学研联合研究组织，参加的35家企业和科研机构涵盖了集中式太阳能动力设备的研发、设计、制造、施工直到运行管理和维护的整个产业链，如德国宇航院、E. ON可再生能源、日立（德国）电力设备公司、MAN燃气机公司等，意图在共同利益的基础上，集中德国在该领域的力量，充分利用德国在这一领域的技术优势，大力推进集中式太阳能动力技术特别是太阳能热力发电技术的市场化，抢占产业发展先机，取得国际市场领导地位。

4. 国际合作研究组织

随着全球化的发展，国际合作研发组织越来越成为重要的创新技术供给源，成为产业创新技术供给的主体。这类组织主要是指国际组织、跨国公司、大学、科研机构等在某国或多国联合共建的研发实体机构，从事技术研发和联合研发。合作的形式是多样性的，联合研发和建立联合实验室、联合研究中心是合作的主要形式，还包括技术支持、委托研究、提供设备、技术标准、许可协议、研究人员交流等。国际合作研发机构包括政府推动的和民间自发的、独自建立的和合作建立的。

（二）创新技术产业化主体及功能

创新技术产业化主体是指致力于将产业创新技术工程化、商业化，并实现市场价值的行为主体。判断是否是创新技术产业化主体的主要标准是能否将产业创新技术实现商品化应用。创新技术产业化并非简单地将创新技术通过生产过程变为产品，而是通过承接、吸纳产业创新技术开发和生产出满足市场需要的新产品，获得经济收益。

创新技术产业化的主体主要是企业，包括大、中、小、微企业。此外也包括一些产学研合作组织、工程研究试验机构等，后两者在产业化过程中也发挥重要作用，促进和加速了创新技术产业化的过程。这里的工程试验机构可以是独立的法人，也可以是产学研合作组织的下属机构。

企业是将产业创新技术转化为商品实现市场价值的最重要主体。其中大型企业或大型跨国公司和高新技术中小企业在不同产业的创新技术产业化中所起的作用有所不同。大型企业或大型跨国公司在产业集中度较高、技术密集度较高、集成技术要求较强的产业中，通常成为创新技术产业化的主体。例如，在钢铁、汽车、装备制造等产业中，大型企业或大型跨国公司凭借规模优势，通常在创新技术产业化中发挥主要作用。在世界有色金属产业中，大型跨国公司（如美国铝业公司 ALCOA 等）不仅控制着优良矿产资源，而且还控制着有色金属的"采、选、冶、加"产业链，凭借强大的资本优势和技术优势，通过频繁的并购重组和持续的技术创新不断提升企业竞争力，是产业创新技术供给的主要来源，同时也是创新技术产业化的实施者和技术创新服务的重要提供者。高新技术中小企业拥有技术应用快、产品研发迅速、市场反应灵敏等特点，在萌芽型产业和新兴产业中往往发挥着较大作用，如信息通信、生物制药等产业。许多企业、高校和科研院所的科技人员、员工、学生等，通过创业、创客等方式进行创新技术成果的转化和产业化。斯坦福大学和硅谷是依托高校创业的最典型的模式。近年的一个趋势是越来越多的大公司探索鼓励内部创业，自20世纪90年代开始，美国的3M、杜邦、IBM、GE、施乐等大公司，日本松下、富士通等企业就开始了内部创业的实践。如3M公司明确规定，员工可运用15%的工作时间与资源，来自由从事创新有关的活动，且不必事先获得主管的同意。中国部分企业也开始积极探索，如华为公司的离职员工先后创办港湾、摩卡、华三等企业，研发人员的技术成果和创意在新企业里得到快速、成功的转化。海尔公司提出企业平台化、用户个性化、员工创客化的理念，推动传统制造企业向互联网转型。据有关报道，海尔公司已形成大约20个平台，近200个小微公司，创业项目涉及家电、智能可穿戴设备等产品类别以及物流、商务、文化等服务领域。还有越来越多的外部人员选择海尔平台进行创业。

除了大企业和中小企业外，还有一类企业在创新技术产业化中也发挥着至关重要的作用，这类企业是行业技术公司。代表性的如芬兰的奥图泰（Outotec）公司，该公司是总部位于芬兰的世界有色及矿冶行业著名的技术公司。奥图泰能够为全球有色金属生产制造企业提供矿物加工和金属生产的先进技术以及环保、节能的整体解决方案，能够为有色金属的"采、选、冶、加"提供工厂设计、技术装备和运行管理服务。奥图泰的业务遍布全球80多个国家，在24个国家设有业务机构。奥图泰在金属矿产领域尤其是有色金属行业已成为世界上拥有最多专有技术，占有最多市场份额，最有影响力的国际性工程技术公司之一。再如中国一些技术开发类的转制院所，如北京矿冶总院、有色金属研究总院、中国钢研集团、武汉邮科院等，这些转制院所的前身都是国家级科研机构，科研实力较强，技术积累丰富，这些科研院所尽管已经进行了企业化转制，但仍承担着大量的产业共性技术的研究开发任务，而且还承担着实现创新技术成果产业化的职能，它们或是独立或是与企业合作完成生产技术、工艺路线、关键装备的研发与产业化。

一些产学研合作组织如中国的产业技术创新战略联盟，是企业、大学、科研机构、中介组织等合作研发与创新的重要载体，通过优势互补，资源共享，促进产业技术创新，着力推动产业链构建，实现创新技术产业化。

（三）技术创新服务主体及功能

技术创新服务主体是指为创新技术供给、产业化提供创新服务支持的行为主体。技术创新服务的主体可以分为三类：一是面向创新技术供给的服务主体；二是面向创新技术产业化的服务主体；三是作为联结产业技术供给和产业化的桥梁。技术创新服务主体通过提供检验检测、技术转移、技术交易、投融资服务、咨询服务、信息服务、知识产权服务等方式，促进知识和技术的传播、转移、扩散和商业化，是产业技术创新的"润滑剂"。

面向创新技术供给的服务主体。这类主体提供的服务主要包括前沿技术的信息情报、应用基础研究和技术开发、知识产权状况分析、创新人力资源等服务。与之相对应的主体主要有高校、科研机构、试验检测机构、知识产权服务机构等。

面向创新技术产业化的服务主体。这类主体提供的服务包括创新产品和技术的市场信息和情报分析、成果转化和技术转移、技术交易、知识产权的保护和应用、创业孵化、投融资、工程技术研究与开发、人力资源等服务。与之相对应的主体主要有信息服务机构、咨询服务机构、知识产权服务机构、风险投资和金融服务机构、工程（技术）研究中心、技术转移机构、企业孵化器、人力资源服务机构、行业协会和科技园区等。

技术创新服务的主体从物理形态可以分为两类：一是提供支持产业技术创新所需物质条件（硬件）的主体，主要包括各类科技基础条件平台、工程（技术）研究中心、试验检测设施、孵化器、投融资机构等；二是提供产业技术创新所需服务条件（软件）的主体，主要包括提供信息情报、技术咨询、技术交易、知识产权服务等机构。当然，许多是软硬件结合的，如工程（技术）研究中心既可以提供创新技术工程化所需要的工程试验条件设施，也可以提供实现产业化的技术方案和市场方案。

（四）营造政策和社会环境主体及功能

营造政策和社会环境主体是指能够为提升产业竞争力、实现创新技术供给、服务、产业化提供制度供给、政策支持和社会环境的行为主体，主要是指政府。

政府在产业技术创新中扮演重要角色，这是由产业技术创新的准公共产品属性决定的。具体体现在产业技术创新具有较明显的外部性，会惠及产业内的众多企业，而单一企业往往不具备独自承担其研究开发和产业化的能力。对于产业发展具有重大影响的"瓶颈性"关键技术一般由政府支持进行研发。政府作为产业技术创新活动的引导者和维护者，具有制定政策、制度和规划，提供产业技术研发基础设施的功能。因此，政府是产业技术创新支撑体系中营造政策和社会环境的重要主体，通过提供基础设施、创新促进政策、营造创新环境和氛围等手段，提高各类主体参与产业技术创新的积极性，引导和支持产业技术创新的发展。

创新主体间的网络化联系离不开制度环境的支持，在市场竞争的环境里，要想促进创新主体之间的交流与合作，应当具有规范化和合适的制度，以平衡和保护各方利益，降低交易障碍。如果不能在法律制度、市场规范上为各行为主体之间的信任机制建立保障和监督，必然会使创新主体间存在过多的猜忌防备，影响交流和合作的开展。同时，互惠互利是各行为主体有效合作关系得以维持和发展的关键，政府可以通过对集体行为的规范和契约机制的维护来平衡和保护各行为主体间的利益。因此，营造有利于产业技术创新的制度环境十分重要，在产业技术创新中各行为主体也要不断地与制度环境相适应。

三、美国产业技术创新支撑体系的主体分析

美国的产业技术创新支撑体系经过长期演进的过程，特别是以第二次世界大战为界，前后发生了很大变化，其支撑体系的主体构成及功能也相应发生了较大改变。下面重点对美国产业技术创新支撑体系的主体现状进行简要分析。

（一）创新技术供给主体

1. 企业 R&D 机构

20 世纪初，许多大型的美国企业开始建立内部专业化的研发部门和实验室。企业 R&D 机构已经成为美国产业技术创新的第一大力量，许多重要的产业技术突破都来自企业 R&D 机构。例如，杜邦公司目前在全球拥有 1 万多名科学家和技术人员以及超过 150 个研发设施。杜邦公司的中央研究院和实验室研发出的众多创新技术曾对化工、农业、食品、能源、交通、建筑等产业的发展和技术进步起到了重要作用。再如，著名的企业实验室——贝尔实验室对电力通信产业的发展做出过巨大贡献。贝尔实验室原名贝尔电话实验室，始建于 1925 年，总部设在美国纽约（后迁至新泽西州的墨里黑尔）。信息技术革命的许多重大发现和发明都发端于贝尔实验室，如晶体管、光通信、计算机联网等。AT&T 和朗讯科技两大公司也依靠贝尔实验室成为世界领先的通信科技公司。贝尔实验室还在固体物理学（其中包括磁学、半导体、表面物理学）、天体物理学、量子物理学和核物理学等方面有很高水平。贝尔实验室自成立以来，每年都要发表上千篇学术论文，累计获专利 2.6 万多项，其中重大科研成果 50 多项。造就了一大批优秀科学家，其中获得诺贝尔物理奖的就有：发明电子衍射的戴维森（Clinton Joseph Davission），发明晶体管的肖克利（William Shockely）、巴丁（John Bardeen）和布拉坦（Walter Brattain），发明激光器的汤斯（Charles Hard Townes）和肖洛（Arthur Schawlow），在半导体和超导体物理的理论研究上做出重大贡献的理论物理学家安德逊（Philip Warren Anderson），发现了宇宙背景微波辐射的射电天文学家彭齐亚斯（Arno A. Penzias）和威尔逊（Robert W. Wilson）。[①]

2. 大学

美国的大学起源于 1636 年创建的哈佛学院，到美国独立前的 100 多年中，又有耶鲁（1701 年）等 8 所高等院校相继按照英国大学的模式建立起来，主要是以培养绅士和牧师为目的。美国独立后，开始建立州立大学和学院。这些新创建的学院和大学强调实用知识的传授，也更关注社会经济发展的需要。自 1785 年美国第一所州立大学——佐治亚大学创办之后，美国州立大学发展

---

① 关于贝尔实验室的发展史及贡献可参阅阎康年：《美国贝尔实验室成功之道》，广东教育出版社，2004 年。

迅速。1800 年，全美国只有 25 所，到 1861 年增加到 182 所。1862 年和 1887 年，美国国会分别通过《莫里尔法》（Morrill Act，也称《赠地法案》）和《哈奇法》（Hatch Act），联邦政府以联邦公地、土地券及常规性拨款等工具，资助各州的大学开展应用性的教育和研究，并兴建一批赠地学院（Land - grant Colleges）。到 19 世纪末，美国的赠地学院已经有 69 所。赠地学院通过开设农业和工艺方面的应用学科及开展实用性研究，进一步改变了美国高等教育领域存在的过度偏重古典教育的状况。①

1870 ~ 1910 年，有数百所大学如雨后春笋般应运而生。像斯坦福大学、芝加哥大学、约翰·霍普金斯大学、加利福尼亚大学伯克利校区等都是在这个时期建立起来的。这是美国的第二代大学，大多是按照德国模式建立的现代研究型大学。在这个时期，美国著名的老牌大学也完成了向现代研究型大学的转型。这个时期，领导美国大学的大多是从德国留学回来的学者或深受德国"洪堡思想"影响的教育家，他们借鉴德国"洪堡思想"，倡导学术自由、教学与科研相结合，并先于德国在大学里建立了研究生院，把"洪堡思想"制度化，而德国大学的第一个研究生院是 1984 年才建立的。但一直到 1940 年，美国大学同欧洲大学相比，还有相当大的差距。1901 ~ 1941 年，全球 126 位诺贝尔奖获得者中美国人占 11%。

"二战"期间，美国非常重视吸引人才，从欧洲接收了大量被法西斯集团排斥的犹太科学家，如爱因斯坦等，他们对美国大学发展做出了重要贡献。"二战"后的冷战时期，特别是 1957 年苏联第一颗人造卫星上天，美国更加深刻地认识到，办好大学，培养优秀人才，是保持科学技术领先的关键，并于 1958 年通过了具有深远影响的《国防教育法》，进入了美国研究型大学真正崛起的时期。美国现有各种不同类型的高校 4000 多所，上百所世界知名的研究型大学，美国大学的诺贝尔奖获得者人数超过所有其他国家的总和。1989 ~ 1998 年的十年间，诺贝尔奖获得者人数美国学者占了 2/3（欧洲学者13 人，美国学者 26 人）。在全球所有的大学学术评估和排名中，美国大学总是居于领先地位。

美国高等教育的分层（Differentiation）程度远远高于欧洲大学。美国大学体系基本上呈现出一个与人才需求结构相适应的五层金字塔形：第一层即金

① 王志强：《研究型大学与美国国家创新系统的演进》，中国社会科学出版社，2014 年，第 120 – 121 页。

字塔的最下层是社区学院和高等专门学校；第二层是普通的四年制学院；第三层是一般综合型大学，主要到硕士层次，授予的博士很少；第四层是授予博士学位的大学，一般可以授予上百名博士；第五层即金字塔的塔尖是一流研究型大学。美国大学体系的这一金字塔结构以及各个大学在这一结构中的位置不是一成不变的，而是随着科学技术和经济发展以及劳动力市场的变动和各校之间的竞争而进行着自我调整和变化。

美国实行公立大学与私立大学并存并荣的方针（A Dual System）。公立大学管理权归各州的议会和政府。各州可以根据本州的实际情况，实施对本州高教事业的规划与管理。联邦政府和国会一般只是通过立法手段、财政资助和签订科研合同等渠道施加影响。这一特点有助于州立大学根据自己所处的特定社会环境，经济发展水平、产业结构等方面的具体情况调整自己的办学方针、课程设置、师资构成、组织管理形式，以适应本州所面临的社会经济发展对人才的需求。更重要的是，这一特点有助于各地高校保持不同的传统，促进高校之间的竞争，推动教学与科研的发展。而私立大学在法律允许的范围内活动，不受政府部门的控制，大学董事会是唯一的法定权力机构。美国的老牌大学大多是私立学校，如哈佛、耶鲁、斯坦福、麻省理工等。在1860年以前建立的264所大学中，私立学校占247所。当然公立大学也涌现出许多同私立名牌大学并驾齐驱的一流大学，如伯克利大学、密西根大学、伊利诺大学、奥斯丁得克萨斯大学、威斯康星大学等。美国联邦政府对公立和私立大学采取一视同仁的态度。公立大学与私立大学在平等基础上互相竞争、互相合作、互相促进。

在第二次工业革命期间，美国的大学在推动产业技术创新方面的作用尚无法与企业研究机构相比，其在推动产业技术创新方面的作用更多体现在专业技术人员特别是工程师的培养方面，通过广泛培训科学家和工程师，促进了先进的科学和工程知识的应用和扩散，成为美国20世纪早期科学和工程"追赶"的重要手段。"二战"后，大学被定位为国家基础研究的主要承担者，尤其是建立了依托大学的国家实验室制度，使研究型大学兼具教学和研究的功能。例如，加利福尼亚大学伯克利校区的劳伦斯实验室的大量科研经费来自美国国防部和能源部；斯坦福大学90%以上的科研经费来自美国联邦政府。这种教学与科研有机结合的制度安排，使大学通过开展基础研究、应用研究和技术开发，通过技术转移以及教师和学生的创业等途径，成为产业创新技术供给甚至是产业化的重要主体。最典型的莫过于围绕斯坦福大学发展起来的全世界高技术产业圣地——硅谷，还有麻省理工学院（MIT）和一些联邦实验室（如林肯实验室等）研发出的大量创新技术支撑发展起来的波士顿128公路高技术产业带。[①]

3. 国家实验室

美国没有像德国、法国等那样，在工业化开始就设计建立一个国家支持的强大的独立的科研机构系统。20世纪上半期，美国一些重要的联邦部门开始建立国家实验室，"二战"期间及之后，逐步完善国家实验室制度，并形成了国家实验室体系。目前美国联邦政府拥有720多家实验室，包含1500个独立的R&D设施。联邦实验室及其设施是美国R&D体系中的重要组成部分，从事美国全部R&D活动的14.4%左右，全部基础研究的18%左右，全部应用研究的16%和全部技术开发的13%，总共雇佣10万名科学家和工程师。大批具有世界一流水平的研究人员在这些拥有最先进设备的实验室中创造出了众多出色的研究成果，并依靠其雄厚的研究开发力量为促进美国的产业进步、经济发展和增加就业机会做出了巨大贡献。

美国联邦实验室按照管理类型可分为三种：一是政府拥有和运营的设施（Government Owned - Government Operated，GOGO），其雇员和管理者均为政府雇员。这类实验室主要开展战略性、前瞻性、探索性以及涉及国家安全等保密性的研究工作，其管理相对简单直接，即由主管部门根据国家需要制订实验室的研究计划，并负责执行。二是由联邦政府资助的研究与开发中心（FFRDC），是根据联邦政府的要求和在国会的授权下设立，由合同单位管理，其大部分设施属于合同单位所有。FFRDC的雇员和管理者不是政府职员。三是FFRCD中的一部分，政府拥有，合同单位运营（Government Owned - Contractor Operated，GOCO）。多数COCO实验室由能源部管理。

美国联邦实验室按照使命可划分为国防和民用两大类：一是国防领域。包括国防部和海陆空三部共拥有和运行81个实验室，实验室主要从事探索开发性工作；能源部的三大核武器实验室，洛斯阿拉莫斯（Los Alamos National Laboratory）、劳伦斯利弗莫（Lawrence Livermore National Laboratory）和桑迪亚

---

① 关于美国大学的发展历程和特点可参阅闵维方：《美国大学崛起的历史进程与管理特点分析》，《山东高等教育》2015年第1期。

（Sandia National Laboratory），是联邦实验室中规模最大的三家实验室。各实验室的年 R&D 总开支约 10 亿美元，雇佣的科学家和工程师均在几千名。

二是民用领域。可以细分为卫生保健、空间技术、能源科学、一般科学、自然资源和环境、交通、农业、教育、国际事务、退伍军人福利等类别。其中，卫生保健是主要资金投入方向，一般科学研究约占总预算的 7%，与空间技术相关的投入约为 6%，其他布局和投入（如教育、交通等科研）相对较少。① 具体包括能源部所属除三大军事实验室外的其他 14 个国家实验室；美国商务部下属的国家标准技术局，雇员 3200 人，均为联邦雇员。每年有 1200 名访问学者被吸引到那里工作。该局 R&D 预算的约一半被用于支持内部的研究工作，余下的经费被用于支持私营企业的 R&D；国家航空航天局的 R&D 工作在其 10 个野外中心进行。除喷气动力实验室（JPL）由加州理工学院管理外，其余均为政府拥有和运营的实验室。这些野外中心从事该局 R&D 工作的1/2。隶属于美国卫生部的国立卫生研究院，由 24 个独立的研究所、中心和部门组成，联邦政府支持全国生物技术 R&D 的经费的绝大部分由该院拨出。该院仅保留少部分支持自身实验室的工作。农业部的农业研究服务局从事内部R&D 工作的 2/3，并负责管理一些建立悠久的联邦研究设施。

美国国家实验室从建立之初就体现国家意志，并始终围绕国家战略目标和时代需要开展相应的前沿基础研究、竞争前战略高技术和重要公益性研究。如劳伦斯·伯克利国家实验室（Lawrence Berkeley National Laboratory，LBNL）致力于支持全方位的国家能源战略，通过对基础科学和新技术方面的投资来扩展未来的能源选择范围。国家实验室还有教育与培训未来的科学家与工程师，提高国家科学与教育事业的使命。美国的国家实验室都是跨学科、多部门的综合性大型实验室。充分利用学科之间的交叉性，达到不同学科之间的双赢目的。国家实验室选择研究课题和项目时注重实用性和针对性。②

4. 制造业创新中心

2012 年 3 月，美国总统奥巴马在劳斯莱斯发动机工厂演讲时提出，建立总投资 10 亿美元、包含 15 家新建的制造业创新研究中心（IMIs）的国家制造业创新网络计划（NNMI）。2012 年 8 月，首家 IMI——国家增材制造创新研究

① 施云燕、李政：《简析美国国家实验室的布局和管理》，《全球科技经济瞭望》2016 年第 4 期。
② 任波、侯鲁川：《世界一流科研机构的特点和发展研究——美国国家实验室的发展模式》，《科技管理研究》2008 年第 11 期。

中心（NAMII）在俄亥俄州的扬斯顿正式挂牌成立。超过 80 家企业、9 家研究型大学、6 所地方性学院以及 18 家非营利性机构共同参与了 NAMII 的组建。联邦政府为 NAMII 的启动投资了 3000 万美元，另有 3900 万美元的投资来自地方政府和产业界。

2013 年 1 月，美国总统行政办公室（EOP）正式出台了国家制造业创新网络计划（NNMI）及所属制造业创新研究中心（IMIs）的初始设计方案，进一步明确了这一国家战略计划的目的：完善美国制造业创新生态系统；建设制造业不同细分领域的专业创新研究中心。

NNMI 的组建和管理工作由一个跨部门的管理机构——美国先进制造国家项目办公室（AMNPO）总体负责，参与者包括商务部及其直属的国家标准与技术研究院（NIST）、国防部（DOD）、教育部（ED）、能源部（DOE）、国家航空航天局（NASA）和国家科学基金会（NSF）等多家联邦机构。AMNPO 具体执行 NNMI 计划内的各项事务，前期的工作主要是征询公众意见、举办区域研讨会、与合作方代表和专家组共同审核 IMIs 的申请等。随着 IMIs 的启动，AMNPO 还将负责监督 IMIs 的管理和运行情况，提出建议并处理具体的相关事务。NNMI 将组建一个由 IMIs 代表组成的网络领导委员会（NLC），监督 IMIs 的运营，统一制造技术的标准，并积极寻找 IMIs 间合作的机会。

预计启动一个典型的 IMI 直到进入财政可持续自主发展阶段需要 5～7 年的时间，这一过程中需要联邦政府投资 7000 万美元至 1.2 亿美元，而跟进投入的来自地方政府和社会的资金将高于这一金额。IMI 成立伊始联邦投资的份额较大，此后逐年减少，随着时间的推移，IMI 的大部分资金将来自非联邦的私人和其他机构。

为了实现可持续发展，每个 IMI 都需要拥有可持续的、多样化的融资渠道，并且应形成灵活的、多元化的盈利模式。IMIs 的收入可来自会员费、服务费、活动收入、合作研究或预生产、联邦或其他来源的非 NNMI 渠道补助或奖励、知识产权使用费和捐款等。

每个 IMI 都将拥有很大的自主权，成立一个由合作伙伴代表组成的独立的信托董事会，选出执行董事作为领导，负责 IMI 的日常运作，在这种治理模式下三方主要的利益相关者（产业界、学术界和政府）的利益都将得到保护。以增材制造创新研究中心（NAMII）的管理结构为例，其董事会同时选出 4 人，分别主管技术发展、技术转移、先进制造企业和人力资源/教育推广。董事会的成员共同商议决定每一个提案，内容涉及相关业务、会员、知识产权、投资、项目、资金分配、可持续发展和进步的方向等。此外，由 12 位来自不同联邦部门的官员联合组成技术咨询委员会，在国防部的牵头下就战略规划、技术方向、项目选择和审查、行业伙伴合作、针对教育和人才发展以及其他机构内的技术活动等多个方面向 NAMII 提出意见和建议。NAMII 还设有治理委员会和执行委员会。治理委员会由 NAMII 的重要会员、普通会员、小企业会员和制造扩展合作伙伴（MEP）代表组成。治理委员会负责挑选合适的产业界和学术界代表，结合技术咨询委员会提名的政府部门代表，联合组建 NAMII 执行委员会，配合董事会开展具体工作。

奥巴马在 2013 年 2 月发表的国情咨文中肯定了 NNMI 以及 NAMII 的前期工作成果，正式宣布将在当年度投资 2 亿美元再建设 3 个新的制造业创新研究中心。其中的两个将由国防部牵头：一个是数字制造和设计创新研究中心（DMDI），主要解决设计、工程、制造和系统维护过程中的数据对接和转换技术；另一个是轻质现代金属制造研究中心（LM3I），主要从事高强度、高性价比新型合金的开发和推广应用，以提高产品性能并降低能耗。由能源部牵头组建的清洁能源创新制造研究中心（CEMI），主要着眼于研发新一代高效可靠的电子器件，以改进现有的电力电网、可再生电力、电动引擎和消费性电子产品等。奥巴马希望能够吸引更多的非联邦资金参与支持该项国家战略计划，并呼吁国会对后续的战略行动给予大力支持，加速启动全部 15 个研究中心的组建进程。

（二）创新技术产业化主体

企业是产业创新技术产业化最重要的主体。美国大企业拥有雄厚的技术积累和人员优势，在承接产业创新技术，并实现工程化、商业化过程中起着重要的作用，尤其是产业集中度较高的一些产业领域，大企业扮演着难以替代的角色。中小企业在许多竞争性产业领域尤其是新兴产业领域是创新技术产业化、商业化的重要力量。除此之外，美国在推动产业创新技术产业化方面也采取一些其他措施和做法。

1. 工程研究中心

美国工程研究中心（Engineering Research Centers，ERCs）是美国政府为了促进不同学科间、产业界与学术界之间的联系，整合大学工程研究能力、提高产品竞争力、加强工程技术人才培养，增强美国工业地位和竞争力，在国家科学基金（NSF）下设立的项目。

1984年4月，美国国家科学基金会正式开始筹建工程研究中心。1985年4月，国家科学基金会批准依托8所大学建立首批6个工程研究中心（见表4-2）。

表4-2　美国首批组建的工程研究中心

中心名称	主要承担大学	研究方向
系统研究中心 Systems Research Center	马里兰大学 University of Maryland 哈佛大学 Harvard University	系统工程 Systems Engineering
智能制造系统中心 Center for Intelligent Manufacturing Systems	普渡大学 Purdue University	智能制造系统 Intelligent Manufacturing Systems
微电子机器人系统中心 Center for Robotic Systems in Microelectronics	加州大学圣巴巴拉分校 University of California Santa Barbara	微电子领域的机器人系统 Robotic Systems in Microelectronics
复合材料制造科技与工程中心 Center for Composites Manufacturing Science and Engineering	特拉华大学 University of Delaware 罗格斯大学 Rutgers University	复合材料制造科学和工程 Composites Manufacturing Science and Engineering
电信研究工程中心 Engineering Center for Telecommunications Research	哥伦比亚大学 Columbia University	电信 Telecommunications
生物技术过程工程中心 Biotechnology Process Engineering Center	麻省理工大学 Massachusetts Institute of Technology	生物过程工程 Bioprocess Engineering

美国的工程研究中心（ERC）具有特色鲜明的运行发展模式。ERC从NSF处得到最初的资金支持，在随后的运营中，ERC需要不断加强与产业界的联系，获取其他途径的发展资本，减少对NSF的依赖，争取在NSF资助期限结束后能够实现自负盈亏，从NSF顺利毕业。

工程研究中心经费主要来源于四个方面：联邦政府（NSF和其他政府部门）、产业界、大学和州政府。NSF对工程研究中心的资助强度一般为每个中心每年200万~500万美元，以3年为一个评审周期，通常给予长达11年的资助。1985年NSF对首批6家工程研究中心的资助金额为940万美元，每个中心根据项目大小受资助额度为 160 万 ~310 万美元不等。NSF 的资助使 ERC 基本能够稳定运转，有足够的时间来培养人员，积累新一代工程技术储备，巩固和加强产业联系，并逐步实现经济自立。NSF 对工程研究中心的持续资助也缓和了产业界因经营状况变化对中心提供资助的大幅波动，很大程度上保证了工程研究中心长期的经费稳定性。以 2006 财年经费支持情况为例，工程研究中心共接受各类来源的经费 1.51 亿美元，其中 NSF 的工程研究中心计划拨款 5750 万美元，占 59.5%；大学占 16.9%；产业界占 10.8%；联邦政府其他部门占 6.1%；州政府占 5%；NSF 其他项目资助占 1.4%；其他来源占 0.4%。

工程研究中心通过会员制模式获取产业界资助，即中心收取额度不等的成员会费，一般为 2000 ~25 万美元，给予会员不同等级的权利。小公司（一般指少于 500 名雇员，或年销售额少于 3000 万美元）的会员费一般为 2000 ~1 万美元；大一些的公司会员费每年为 6000 ~3 万美元；全职会员费一般为 2.5 万 ~10 万美元，拥有最多权利。以某一工程研究中心为例，该中心实行 3 级会员制度。在常规的会员福利之外，一级会员能够最早接触中心的知识产权，同时一级会员与中心联系紧密，能够影响到中心的研究方向；二级会员可以参加中心组织的研讨会和短期课程，收到出版物，并在与中心研究人员、学生、工作人员接触时有优先权；一般会员提供实物或现金，如提供产品供中心研究人员使用，获取研究人员对产品的意见等。

ERC 不断加强与产业界的互动和联系，但在不同的发展阶段其侧重点有所不同。在发展初期（1 ~3 年），ERC 的重点是与产业界会员一起战略规划，并吸引新会员，建立互信平台；在发展中期（4 ~7 年），ERC 强调展示与产业界的成功合作和成果技术转移，以顺利通过第二次再资助评估；在成熟阶段（8 ~10/11 年），侧重将新技术投入应用以吸引新会员加入，同时积极寻找在缺少 NSF 资助的情况下与产业界及其他渠道合作的新方式。

自 1985 年组建首批 ERC 以来，每年 ERC 的增长数量一直保持在个位数水平。1985 ~2011 年的 27 年间共建立 61 个 ERC。截至 2011 年 4 月，共有 13 个 ERC 被淘汰或取消，29 个 ERC 实现了"自给自足"的经营模式，顺利毕业（含首批 2 个重新建设的 ERC），毕业率约为 70%。正在运行的 ERC 共 17 个，分布在 4 个领域：先进制造（4 个），生物技术与卫生保健（4 个），能源、可持续发展与基础设施（5 个），微电子、感应和信息技术（4 个）。

顺利毕业的 ERC 将成为大学的长期性研究机构，仍然需要利用大学的教育资源培养人才。ERC 毕业后仍然要维持其特色，这体现为中心基本框架要素的保留，企业和高校仍然是其基本成员单位，人才培养和技术转移是 ERC 区别于其他研究实体的重要特征。由于缺少 NSF 的资金投入，毕业后的 ERC 需要通过其他方式拓宽资金来源，包括技术服务、仪器共享、开设教育培训项目、举办研讨会等。在开展这些活动的同时保持中心特有的核心竞争力是毕业后的 ERC 需要重点解决的问题。

据统计，自 1985~2009 年，ERC 共取得 1701 项发明，其中申请专利 624 项、许可专利和软件使用权 2097 项，产生了 142 家衍生企业，创造了 1452 个就业岗位。

ERC 建立的最初目的之一是加强大学与工业界的合作，促进知识和技术在学术界和产业界之间的流动，创造以创新为中心的学术—产业界合作。截至 2010 年，48 个 ERC（包括 3 个地震 ERC）共收到 10 亿美元以上的资助，但其生产的新技术、新产品、新工艺和创办的高技术企业给产业界带来的价值超过百亿美元。

ERC 最有价值的部分并不是技术、产品、工艺等。2004 年对 ERC 和产业界互动活动的调查研究表明：中心能够发挥多层次的功能和作用，促进了相关会员企业和产业的技术进步和发展。其中 90% 以上的会员认为，通过与中心的合作，能够接触新的观念和技术诀窍，ERC 的工程理念、技术诀窍和工程技术人才培养的价值最高；75%~80% 的会员认为，能够接触 ERC 先进技术、建立起与 ERC 师生等研究人员的联系并有机会合作参与项目等，促进了技术知识在产业界的扩散和流动，加强了学术和产业的结合；65%~70% 的会员认为，ERC 形成了系统技术、促进了研发进程。

工程研究中心项目为美国加强跨学科工程技术研究、密切大学与产业界和政府合作、培养工程技术人才开辟出一条新的路径，但 ERC 发展到第三代也出现了一些问题，如 ERC 的研究内容逐渐由核心问题和基础研究转变为追逐短期利益的应用型研究，已经"毕业"的 ERC 的盈利能力较弱等。2012 财年，NSF 计划在 2010 财年的基础上增加 2609 万美元投资，对 ERC 总投入将达到 8100 万美元。NSF 对第三代 ERC 有新的期望：第一，ERC 需要加强国际合作，而不仅限于研究人员的互访；第二，ERC 研究的问题应该是急需突破的关键性问题；第三，ERC 技术的发展需要瞄准迅速变换的市场；第四，ERC 培养出来的学生应不仅仅是产品操作工程师，更应该是产品的发明者和创造者；

第五，ERC 需要加强跨领域的研究网络和研究集群。工程研究中心项目将进一步明确目标，建立更灵活的资助方式，选择以问题为中心的战略性研究领域；考虑不以大学为基地建立 ERC，制定更为灵活的知识产权政策等。在全球化的背景下，ERC 还需要提高国际合作水平，依靠 ERC 解决全球变暖、能源、清洁水和反恐等国际重要问题。[①]

2006 年，NSF 开始酝酿第三代工程研究中心计划。2008 年建立了首批 5 个第三代 ERC。相对于第二代 ERC，第三代 ERC 加强了与小型创新企业的合作，充分利用小型创新企业的灵活性和创新能力，带动 ERC 技术转化和创新活动的开展；在教育方面，不仅以培养本科生和研究生人才为目标，将人才培养的触角向前延伸到大学前教育阶段，将中学人才培养纳入人才培养计划；加强了 ERC 创新和成果商业化战略设计，进一步明确中心的创新和成果转化使命；将国外大学纳入合作范围，进一步拓展了 ERC 的合作伙伴范围，提升了研究中心的国际化水平；大学对 ERC 的管理具体化，包括对 ERC 人员的激励等，通过终身教席或提职的形式对 ERC 人员进行激励，有利于加强其对大学的归属感。

以 2011 年 8 月 NSF 批准创建的量子能和可持续太阳能技术工程研究中心（ERC for Quantum Energy and Sustainable Solar Technologies）为例，该中心开展跨学科的研究与教育项目，发展先进的太阳能光伏技术及相关产业创新。成立后 5 年，NSF 和能源部将共同为该中心投资 1850 万美元。为了实现光伏技术可持续的市场增长，中心将统筹考虑硅基、薄膜和叠层太阳电池基础材料研究、制造能力和集成系统方面的问题，以及材料和技术方案的可持续发展与资源限制。此外，中心将培养新一代太阳能技术和制造工艺方面的工程师，参与可再生能源行业创新。中心的依托单位是亚利桑那州立大学，参与的高校包括加州理工学院、麻省理工学院、特拉华大学、新墨西哥大学以及伦敦帝国理工学院、澳大利亚新南威尔士大学、东京大学等海外高校，还有近 40 家跨国企业、制造商和新兴企业等产业界合作伙伴参与其中。[②]

2. 产学研合作

美国顶尖智库布鲁金斯（Brookings）学会 2015 年曾发表一份报告，其中

---

① 柳春、夏迪、王建：《美国工程研究中心发展及模式分析》，《科技管理研究》2014 年第 16 期。
② 何洁、李晓强、周辉：《美国工程研究中心建设对我国政府资助产学研协同创新平台建设的启示》，《科技进步与对策》2013 年第 9 期。

列举了美国能源部实验室与产业部门合作使研究成果商业转化的情况。主要通过两种方法：一是知识产权（Intellectual Property，IP）许可；二是实验室与企业协作研究。经由技术转移办公室，国家实验室向企业授予知识产权许可，这些知识产权成果是受联邦资助而来。在 2011 年，大约有 5300 项技术许可被授予，实验室由此获得近 4500 万美元的收入。当私人部门需要用实验室特有的大型设施及设备来解决问题时，实验室也与企业、大学进行项目合作。例如，在 2011 年，实验室与企业、大学进行了 700 多个合作研发协议（Cooperative Research and Development Agreements，CRADAs）项目的合作。实验室拿出 5 亿美元研究经费，与高校开展联合项目。此外，美国能源部和实验室试点商业化技术协议（the Agreement for Commercializing Technology，ACT），能源部对协议形式化的参与减少，实验室和自己的产业伙伴之间的科研协作进程得以加快。能源部还推出美国下一个顶级能源创新者挑战（the America's Next Top Energy Innovator Challenge），让企业获得实验室专利许可的花费降低，初创公司得以快速使用这些技术。布鲁金斯学会的报告认为，这些商业化的探索提升了美国的产业竞争力。①

（三）技术创新服务主体

美国的技术创新服务系统非常完备，为产业技术创新提供了有效的支撑服务。主要包括以下三类：一是大学和非营利性社会组织等开展的服务，如高校技术转移办公室等；二是政府设立的相关机构所提供的服务，如国家技术转移中心（NTTC）、国家技术信息中心（NTIS）等；三是商业化服务机构和企业提供的服务，如知识产权服务机构提供的专业信息服务，风险投资机构提供的投融资和管理咨询服务，商业性孵化器提供的创业孵化服务，技术评估、技术交易等机构提供的服务，以及企业尤其大企业面向产业提供的相关研发设施条件、检验检测等相关服务等。

1. 大学技术转移机构

1980 年，美国国会颁布了《专利和商标法修正案》（即《拜杜法案》）和《史蒂文森—威德勒技术创新法》，标志着美国的技术转移成为国家层面的行为。许多新的技术转移办公室在大学相继成立，并纷纷加入大学技术管理者

---

① 《美国国家实验室》，澎湃新闻网，2014 年 11 月 18 日。

协会（AUTM），AUTM 的前身为 1974 年成立的大学专利管理者协会（SU-PA），在 20 世纪 80 年代意识到其成员的角色和责任大大超出了"专利管理"的范畴后，遂改名为大学技术管理者协会。1979 年 AUTM 的成员仅 113 个，1989 年达到 691 个，1999 年增至 2178 个，至今已超过 3200 个。

美国大学技术转移机构创造了三种运行模式：一是威斯康星校友研究基金会（WARF）模式。该基金会虽然是该大学的附属机构，但与大学分开，享有独立的法律地位。二是麻省理工学院首创的第三方模式，加州大学伯克利大学教授 Cottrell 建立的研究公司（RC）独立于所有大学，1937 年麻省理工学院与 RC 签署协议，将学院的发明交给 RC，由 RC 负责专利申请和许可事宜。三是斯坦福大学首创的 OTL 模式，即学校出面申请这些发明专利，再把专利许可给企业界，给学校带来可观的收入。OTL 模式是目前运行得最成功的一种模式。

2. 政府的相关机构

美国国会通过立法建立了国家技术转移中心、联邦实验室技术转让联合体、国家技术信息中心、制造业推广伙伴计划中心等机构，以加强国家实验室等联邦机构与产业界的交流与合作，促进科技成果的转化和商业化。

（1）国家技术转移中心（NTTC）。成立于 1989 年，是经美国国会批准成立的国家级非营利性技术服务机构，全职工作人员 110 名，经费主要来自美国航空航天局（NASA）、能源部（DOE）、联邦小企业局（SBA）等。NTTC 在全国建立了 6 个区域技术转移中心，分别是：南部技术应用中心、中部技术转让中心（MCTTC）、东北部技术商品化中心、大西洋技术应用中心（MTAC）、中西部大湖工业技术中心、西部区域技术转移中心。

NTTC 提供技术与市场评估、技术信息服务及知识管理服务、技术转移相关领域培训服务等内容。其最主要的任务是通过自己的网络和 6 个地区技术转移中心的信息网将联邦政府资助的国家实验室、大学等的研究成果面向全国企业推广。此外，该中心还利用自己的关系，帮助企业寻找所需技术。

NTTC 最突出的是其技术评估能力，提供技术扫描、技术预测、技术匹配、投资组合、市场研究、合作伙伴选择等服务。NTTC 作为连接联邦实验室和大学与企业的桥梁，是提供双向甚至多向技术信息服务的平台。

（2）联邦实验室技术转让联合体（FLC）。成立于 1974 年，是一个由 700 多家国家实验室组成的全国性技术转移网络组织。1986 年国会通过《联邦技术转移法》后，要求大部分联邦政府的研究机构也加入该联合体，并正式向FLC 授予特许状。美国几乎所有雇员在 10 人以上的国家实验室、中心及它们所隶属的联邦部门和机构都是 FLC 的成员。FLC 的运转经费来自各国家实验室的预算提成，各实验室将其预算（包括管理费用）的 0.008% 用作 FLC 的活动经费。

FLC 的主要职能是：开发和施行与技术转移有关的技术、培训课程和材料，以增强联邦实验室雇员关于实验室技术和创新商业潜力的意识；应联邦机构和实验室的请求，为其技术转移计划的应用提供咨询和帮助；提供一个技术情报交流中心，以处理在实验室一级收到来自州和地方政府的机构、企业、产业开发组织、非营利性组织（包括大学）、联邦机构和实验室以及其他个人关于技术援助的请求；促进联邦实验室的研究部门与技术应用部门之间的交流和合作；利用国家科学基金会、商务部、国家航空航天局和其他联邦机构的专门知识和服务；推动实验室采用适当的技术转移机制，如人员交流和计算机系统；帮助实验室制订利用技术志愿者向与该实验室有关的社区提供技术帮助的方案；促进联邦实验室的研究部门和技术应用部门与地区性、州和地方的技术转移组织之间的交流与合作；帮助学院或大学、企业、非营利性组织、州或地方政府，或地区性组织在诸如技术项目开发、课程设计、长期研究计划、人事需求规划和生产力评估等领域中制订促进研究和鼓励技术转移的方案；在联邦实验室联盟所辖的各地区内向州和地方政府的代表、企业、大学和其他合适的人员征求有关方案有效性的意见等。

（3）国家技术信息中心（NTIS）。成立于 1951 年，根据 1950 年通过的《技术、科学和工程信息普及法》而设立。该法案的目的是为了促进技术研发成果为产业界、商业界和普通大众所利用。它明确要求"商务部承担作为一个处理中心的职能，处理和传播对工商界有用的技术信息"。"为此目的，商务部应在内部成立一个处理中心，收集并传播科学、技术和工程信息"。按照该法案的规定，这个处理中心要面向国内外收集各种信息，并传播给工商企业、州和地方政府、其他联邦政府机构以及普通大众。除此之外，该机构也负责落实有关消除信息流通壁垒的规定。在运作上，该信息中心自负盈亏，国家不再拨款。为此，对有关信息服务可适当收费，收费标准由商务部制定。

按照《联邦技术转移法案》规定，各联邦机构有向 NTIS 提供技术信息的义务。该条款经后来（1991 年）修订过的表述是："所有联邦行政部门或机构的首长，必须将本单位掌握的、利用联邦资金做出的、不涉密的科学、技术和工程信息，及时传送到国家技术信息服务中心，供其向私有部门、学术界、州和地方政府以及各联邦机构传播。但若本来不向公众公开的信息，不在此类。上述所谓信息涵盖技术报告和技术信息、计算机软件、根据本条款而产生的评价报告、有关技术培训的信息以及其他由联邦持有或产出的技术。"

NTIS 是美国最大的政府信息资源中心，全面收集由政府资助立项的科学、技术、工程及商业信息，面向社会提供信息查询服务。NTIS 同时还是美国政府与外国政府合作项目的信息摘要、检索与发布中心，也是美国政府与外国政府进行政府级技术情报交流的中心机构，并负责美国联邦专利发明和技术推广应用。NTIS 出版的美国政府报告通报与索引数据库是重要的信息资源，主要收集了 1964 年以来美国国防部、能源部、航空航天局（NASA）、环境保护局、国家标准局等国家、州及地方政府部门立项研究完成的项目报告，少量收录世界各国（如加拿大、法国、日本、芬兰、英国、瑞典、澳大利亚、荷兰、意大利）和国际组织的科学研究报告，包括项目进展过程中所做的初期报告、中期报告和最终报告等，能够及时反映科技的最新进展。该数据库每年新增约 6 万条数据。NTIS 也是世界上最主要的专业情报收藏、处理和出版发行机构之一。

（4）制造业推广伙伴计划（MEP）中心。MEP 由 1988 年《综合贸易与竞争法案》创立，由商务部的国家标准和技术研究院牵头实施，是一个遍及美国所有 50 州和波多黎各的全国性网络。非营利的 MEP 中心致力于在联邦政府、州和地方政府以及私营部门之间建立伙伴关系。MEP 中心为中小型美国制造企业提供技术支持和其他服务，以提升其开发新客户、扩展到新市场以及创造新产品等能力。中心在特定问题上直接同制造厂商合作，包括技术加速、工艺改进、创新战略、劳动力培训、供应链开发和出口等。还服务于制造业同高校、联邦实验室、贸易协会以及其他公私资源之间的沟通。据 MEP 的 2012 财年报告显示，该项目运行的年度经费为 3 亿美元，其中，1 亿美元来自联邦政府，2 亿美元来自州和地方政府以及私营部门。2012 财年 MEP 为 31373 家美国制造业公司提供技术支持和其他服务，带来 66 亿美元的增长或相关销售的影响，61139 个新增或保持就业岗位以及为这些企业节省 9 亿美元的成本。

3. 商业化的服务机构

美国市场机制相对完善，许多专业技术创新服务是由商业化服务机构提供的。以专利信息服务为例，政府的专利机构提供基本的和普遍的服务，更专业化、个性化的服务主要由商业化专利服务机构来提供，包括专利搜索、专利导航、专利风险规避、专利诉讼、专利侵权纠纷解决、专利战略咨询等。下面以两家知名机构为例。

（1）汤森路透（Thomson Reuters）集团。该集团是全球领先的专业信息服务提供商。汤森路透的业务领域包括金融、医疗保健、法律、传媒、科技、税务与会计等。汤森路透将专业知识与创新科技相结合，为金融市场及风险管理、法律、税收与会计、知识产权与科技、媒体领域的专业人员和决策者提供信息、决策服务工具及软件、自动化交易产品及集成解决方案。汤森路透的总部设在纽约，主要运营地在伦敦和明尼苏达州的伊根，公司在100多个国家雇佣大约6万名员工。

集团旗下的汤森路透知识产权与科技事业部长期致力于为全球学术界与企业界的研发和创新提供科技与知识产权信息解决方案。其智能研究平台和服务将权威、准确与及时的信息和强大的分析工具相结合，帮助科研人员迅速发现相关的学术文献，跟踪最新的科学成果；加速医药企业发现新的药物并更快地推向市场；助力企业迅速获取研发所需的关键信息，跟踪行业与竞争对手的动态，发展和优化企业的知识资产。[①]

（2）高智发明公司（Intellectual Ventures，IV）。一家将私募基金和创新孵化器相结合的发明投资公司，由美国微软公司前首席技术官内森·米沃尔德（Nathan Myhrvold）和前首席软件架构师爱德华·荣格（Edward Jung）、英特尔公司前总法律顾问助理 Peter Detkin 等人于2000年创立，总部设在美国华盛顿州的贝尔维尤市（Bellevue）。

这家新型的公司本身不生产任何产品，而是将自己研发的专利与买卖他人专利权业务结合在一起，通过专利授权、创建新公司、建立合资企业以及建立行业合作伙伴关系等方式将发明成果商业化。因此，也被称为纯粹性经营专利公司。公司的主要投资方向涵盖信息技术、生物医疗、材料科学等领域。

---

① http：//www.thomsonreuters.com.

在内部研发方面，公司美国总部设有发明实验室（IV Lab），广泛邀请不同领域的著名科学家定期召开被誉为"头脑风暴"的发明会议，针对许多现实中的技术疑难问题进行创意开发，通过评估申请获得大量具有前瞻性和市场前景的专利，涵盖光学、生物技术、机器人技术、电子商务和移动网络等诸多领域。

在外部购买方面，公司设立了由微软、英特尔、索尼、苹果、eBay、Google、诺基亚、飞利浦、汤姆逊和IBM等大公司投资的基金，主要用于在世界范围内购买新创意和新技术的知识产权。IV公司主要是通过空壳公司（Shell Company）来秘密收购那些闲置在市场上并且可能产生威胁的专利技术。根据英国Avancept知识产权咨询公司2007年的一份研究报告，至少有362家空壳公司与IV公司存在关联，这些空壳公司在2001~2006年进行了247项知识产权交易，涉及2069项美国专利和754项美国专利申请。截至2008年12月底，IV公司在全球范围内投入50亿美元，掌握了1.2万件专利。IV公司目前为美国第五大专利持有者，在全球跻身前十五名。

（四）营造政策和社会环境主体

美国的产业技术创新主要按照市场机制运行，但政府作为营造政策和社会环境的主体也发挥着积极而独特的作用。尤其是"二战"之后，联邦政府以及州、地方政府运用直接和间接方式支持产业技术创新活动，支持重点是中小企业技术创新、技术转移等。

1. 促进中小企业技术创新

（1）小企业创新研究计划（SBIR）。美国国会于1982年通过《小企业创新发展法》，正式启动小企业创新研究计划（Small Business Innovation Research Program，SBIR）。SBIR规定，凡联邦部门研究与发展经费超过1亿美元的，每年必须从研究与发展经费中拨出一定的比例，支持小企业的技术创新开发活动。这些部门包括国防部、农业部、商业部、能源部、教育部、卫生部、运输部、国家航空航天局、环境保护署、国家科学基金会、核控委员会。美国小企业管理局（SBA）负责监管SBIR项目实施。SBA每年向国会提交SBIR年度报告，国会则对SBIR进展及成效进行评估。

SBIR分为三个阶段资助入选企业（前一个阶段完成后，经过专家小组评估优选，才能够进入下一阶段）：第一阶段，资助金额为2.5万~10万美元，资助期限为 6 个月。这一阶段的资金主要用来开发技术内涵，完成可行性研究。第一阶段入选企业比例为 10%～15%。第二阶段，资助期限可达两年，资助金额为 20 万～75 万美元，具体情况因部门不同而异。第二阶段企业入选率为 40%～50%，只有已获第一阶段资助的企业才有资格参选。第三阶段，入选只具有名誉性或象征性意义。资助金额最早为 25 万美元以上，后来 SBA 规定 SBIR 对于第三阶段入选企业不再给予任何资助，企业自找风险投资及其他私人资金来源。第二阶段获选企业中 80% 可以继续获得第三阶段资助。值得注意的是，SBIR 规定的第一阶段与第二阶段之间必须有 6 个月的间隔期，在此期间企业没有任何政府资助。这 6 个月缓冲是必要的，也是关键的。企业正常运行通常需要拓展其他资金来源。缓冲期有利于正确评估第一阶段资助的成效，便于优选第二阶段的项目。

SBIR 用小部分资金资助较多的第一阶段项目，可以尽早决定哪些项目具有长期发展潜力。只有不到 50% 的优秀项目可以继续得到第二阶段的资金支持。而入选第三阶段的条件之一是企业必须同时得到 300 万～600 万美元的风险投资或其他私人投资。由于 SBIR 可以为高风险、高收益的项目提供充足的启动资金，却不要求回报，因此吸引了成千上万的投标方案。

截至 2012 年底，SBIR 累计支持小企业项目数量超过 13 万项，支持金额超过 320 亿美元。SBIR 项目仅占联邦政府各部门研发经费的很小的比例（2.5%），但成效显著，对美国高技术产业发展和技术创新起到了重要作用。SBIR 经有关法案多次延期至 2017 年。

（2）小企业技术转移研究计划（STTR）。根据 1992 年国会通过的《小企业技术转移法》，美国政府推出了小企业技术转移研究计划（Small Business Technology Transfer Research Program，STTR）。依据有关法案该计划不断延期至 2017 年 9 月。

STTR 要求研发预算超过 10 亿美元的联邦部门必须参与，且需将每年研发预算的 0.3% 用于 STTR。自 2011 年开始，每两年增长 0.05%，到 2016 年时不得低于 0.45%。包括国防部、能源部、卫生部、国家航空航天局、国家科学基金会等部门参与该计划。截至 2012 年底，STTR 计划累计支持小企业项目的数量超过 9600 项，支持金额超过 25 亿美元。

STTR 注重拓展公私部门间的合作，其特点是要求小企业和研究机构的合作，建立起连接基础科学和创新成果商业化之间的桥梁。STTR 的目标在于通过政府研发资金支持提升研究水平和技术创新，以增强美国在具有竞争优势领域的领先地位和国家经济实力，主要包括刺激技术创新；通过合作研发，促进小企业和研究机构的技术转移；加强私营部门对政府资助形成的技术成果的商业化等。

2. 提升制造业创新能力

美国自 2009 年起密集地出台了《重振美国制造业框架》（2009）、《制造业促进法案》（2010）、《美国制造业复兴——促进增长的 4 大目标》（2011）、《先进制造业伙伴计划》（2011）、《先进制造业国家战略计划》（2012）等政策举措，旨在提高制造业创新能力，将美国打造为创新基地的首选，使美国成为创新的引领者，抢占新一轮技术和产业革命主导权。下面以先进制造业伙伴关系计划（AMP）为例。

2011 年 6 月，美国政府宣布实施一项超过 5 亿美元的先进制造业伙伴关系计划（AMP），以期通过政府、高校及企业的合作来强化美国制造业。AMP 主要包括四个子计划：

（1）提高美国国家安全相关行业的制造业水平。从 2011 年夏季起，美国国防部、国土安全部、能源部、农业部、商务部等将协调各部门，利用其现有资金和未来预算，投入 3 亿美元用于合作投资创新技术和产业，包括小型大功率电池、先进复合材料、金属加工、生物制造和替代能源等。

（2）缩短先进材料的开发和应用周期。材料基因组计划将通过在研究、培训和基础设施方面的超过 1 亿美元的投资，使美国企业发现、开发和应用先进材料的速度提高到目前的 2 倍。先进材料将推动数十亿美元的新兴先进制造、清洁能源和国家安全等领域的相关技术发展。

（3）投资下一代机器人技术。国家科学基金会、国家航空航天局、国家卫生研究院和农业部联合推出一项耗资 7000 万美元的下一代机器人研究计划，新一代机器人将承担工人、医护人员、医生和宇航员等工作任务。

（4）开发创新的、能源高效利用的制造工艺。能源部将耗资 1.2 亿美元开发创新的制造工艺和材料，以使企业能够削减制造成本，同时利用更少的能源。

3. 促进大学和联邦实验室的技术转移和商业化

（1）《拜杜法案》。该法案由美国国会参议员 Birch Bayh 和 Robert Dole 提出，1980 年由国会通过，1984 年又进行了修改。后被纳入美国法典第 35 编

（《专利法》）第18章，标题为"联邦资助所完成发明的专利权"。

在《拜杜法案》制定之前，由政府资助的科研项目产生的专利权，一直由政府拥有。复杂的审批程序导致政府资助项目的专利技术很少向私人部门转移。截至1980年，联邦政府持有近2.8万项专利，但只有不到5%的专利技术被转移到工业界进行商业化。政府资助产生的发明被"束之高阁"的重要原因之一在于，该发明的专利没有进行有效的配置。政府拥有权利，但没有动力和能力进行商业化；私人部门有动力和能力实施商业化，但没有权利。

《拜杜法案》适用于所有由政府资助的研发项目产生的发明。这里的发明包括所有可以申请专利或受其他知识产权法保护的成果。适用范围包括政府机构、小企业、非营利性组织。受政府资助单位的权利和义务包括：及时披露研发成果的义务、选择是否保留发明所有权的权利、选择保留权利的单位负有申请专利的义务、选择保留权利的单位声明受资助的义务、报告实施情况的义务、优先发展美国产业的权利义务，以及将收益分配给发明人和用于科研、教育的义务等。政府的权利包括：对受资助单位未保留的发明享有所有权、联邦政府为美国利益在全世界付费实施该发明的权利，以及介入权（在某些情况下，联邦政府可以要求保留权利的受资助单位给予第三方实施发明的许可，或者由联邦政府直接授予第三方实施发明的许可）等。

针对《拜杜法案》没有对联邦实验室是否可以参与专利等知识产权转移做出规定及其他问题，1984年美国出台了《拜杜法修正案》，允许联邦实验室自行决定其专利的对外许可，允许委托机构收取专利权使用费，并规定大企业与小企业一样，可以获得政府资助研究所产生专利的排他性许可，在一定限制范围内，允许大学和非营利性机构运行联邦实验室所有的发明权。

《拜杜法案》使私人部门享有联邦资助科研成果的专利权成为可能，从而产生了促进科研成果转化的强大动力。该法案通过合理的制度安排，为政府、科研机构、产业界三方合作，共同致力于政府资助研发成果的商业运用，提供了有效的制度激励，加快了技术创新成果商业化的步伐。《拜杜法案》曾被英国《经济学家》杂志评价为"美国国会在过去半个世纪中通过的最具鼓舞力的法案"，有力地激励了大学展开学术研究并积极转移专利技术，促进了中小企业的发展，推动了产业技术创新；使得美国在全球竞争中能够维持其技术优势，促进了经济繁荣。

（2）联邦实验室技术转移的相关法案。美国国会1980年颁布的《史蒂文森·怀德勒技术创新法》（Stevenson – Wydler Technology Innovation Act of 1980），首次对国家实验室—产业的关系做了重大调整。该法旨在促进联邦拥有和发明的技术转化到非联邦部门，把技术转移规定为国家实验室的一项职能，要求国家实验室建立专门的技术转移办公室（科研与技术应用办公室（ORTA）），并设专职主任来处理技术转移问题。

1986 年，美国国会通过了《联邦技术转移法》，使联邦实验室能够联合外部当事人一起进入合作研究和开发协议（CRADAs），谈判实验室产生发明专利的许可，鼓励国家实验室与工业界合作建立联盟，促进技术转移。该法案规定，联邦实验室技术转让联盟作为全国性的技术转移机构，提供资助机制保证其开展工作；明确技术转移工作是所有联邦实验室雇员的职责，并作为人事绩效考核的重要指标。该法案修正了《史蒂文森·怀德勒技术创新法》，明确授权联邦实验室可以同其他机构签订合作研发协议，为联邦实验室和私营部门之间的合作伙伴关系建立了基本框架。

1989 年美国政府出台的《国家竞争技术转移法》，允许联邦实验室从事与大学和产业界的合作研究活动。该法案修订了联邦技术转移法案，扩展 CRA-DAs 的使用，包括政府所有合约者运行的联邦实验室，并增加非披露规定。随后成立了国家技术转移中心，由威灵耶稣大学运行（经费主要来自国家航空航天局、能源部和小企业管理局等联邦部门），进一步促进联邦政府资助的科研成果向产业界转移。

1995 年美国政府出台《国家技术转移和提升法》，修订《史蒂文森·怀德勒技术创新法》，使得 CRADAs 对联邦实验室、科学家和私营企业更有吸引力。

2000 年美国政府出台《技术转移商业化法》，放宽 CRADAs 许可权力，使这类协议对私营企业更有吸引力，加大联邦政府拥有技术的转化力度，设立有联邦实验室的机构关于技术转移绩效报告的要求。

2011 年，奥巴马总统发布《加速联邦研究的技术转移和商业化支持高成长企业》的总统备忘录。这份备忘录指导联邦部门和机构多种行动，包括设立目标、测度绩效、优化管理流程以及推动地方和区域伙伴计划，以加速技术转移并支持在私营部门商业化。

四、我国产业技术创新支撑体系主体的演变和趋势

(一) 历史演变

我国不同历史时期的产业技术创新支撑体系的结构和功能变化很大，相应的主体变化也很大。下面做一些简单梳理。

1. 计划经济体制下的支撑体系主体构成（1949～1977 年）

新中国成立初期，我国全面向苏联学习，既引进了苏联的工业设备和生产技术，还引进了工业管理体制和制度，并模仿苏联建立国营企业。企业由中央各部直接领导，资源配置通过计划行政管理，企业的生产和分配实行指令性计划，形成了高度统一、集中的计划经济体制和企业管理体制。企业没有自主经营权，仅是生产单位。企业内部也不设独立研发机构，只有一些支持生产一线需要的技术人员和技术工人，还开展一些工厂基层群众性的技术革新活动。企业的生产技术和工艺主要依靠从苏联及东欧国家引进，随着我国科研体系的建立，产业部门的科研院所也逐步可以提供一些自主开发的技术。

在高等教育方面，1951～1953 年，参照"苏联模式"开展了全国性的院系大调整，这次院系调整的重点是对全国工科院校进行调整，将高等学校办成"既是教学中心，也要成为科学思想中心"。高等学校在有条件的时候，利用试验设备开展社会服务性活动。强调了科学研究是提高教师能力和教学质量的根本，将科学研究同国家建设和发展密切结合起来。

1956 年 12 月，中央政府制定了第一个中长期科技规划——"十二年科技规划"，该规划确定了"重点发展、迎头赶上"的指导方针，提出了我国科研发展的重点领域、任务和方向、科技管理机构的设置规划和科研人员的主要工作职责。"十二年科技规划"对科技管理体制的职能定位是，首先要符合生产、研究与教育三结合的总体要求。提出为了兼顾国家的长远利益和当前利益，必须使生产、研究和教育三方面的科学技术力量有着合理的比例，并应

根据各个发展阶段的不同情况做具体调整，避免畸形发展。科学研究的目的是为了保证生产技术的不断提高，绝大部分（约80%）研究人员应在产业部门的研究机构内，解决当前生产中的科学问题，同时必须集中较少数更优秀的科学研究人员于科学院各研究单位，以保证科学发展的基础和长远利益。为了保证高等学校科学研究工作的开展，必须每年以一定比例的人员充实高等学校的师资。这一时期，我国科学技术研究体系的主体是中国科学院、产业部门的研究机构、高等学校和地方研究机构。它们的职能定位有一定的差异性，中国科学院是学术领导的核心，产业部门的研究机构和高等学校是主要力量，地方研究机构是不可或缺的助手。高等学校主要承担工作量小、完成期限较宽的研究工作，接受产业部门和科学院委托的研究任务（见图4-1）。

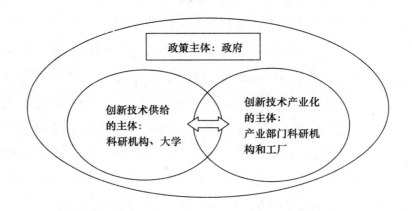

图4-1 计划经济体制下的产业技术创新支撑体系主体构成

1966～1976年，全国高等学校的教学和科研活动基本停滞，但在1970年招收工农兵学员后，高等学校也开展了少量的科学研究工作，如清华大学的试验化工厂开展的建造增值堆核电站的研究。

计划经济体制下产业创新技术供给的主体主要是产业部门的科研机构，大学在新中国成立初期（1949～1966年）也承担了少量产业创新技术供给。创新技术产业化的主体是产业部门科研机构和工厂。但与市场经济下不同的是，产业创新技术的工程化、商业化及具体新产品开发等主要由产业部门科研机构负责，工厂只负责生产制造。技术创新服务主体基本没有或少量附属于产业部门科研机构。

2. 体制转型时期的支撑体系主体构成（1978～1999 年）

改革开放以来，我国开始向市场经济体制转轨，引进发达国家的企业管理体制，改革我国企业的传统组织模式，建立产权清晰、责权明确、政企分开、管理科学的现代企业制度。逐步运用市场机制对技术创新的资源要素进行配置。在教育、科研机制等领域进行了重大改革，提出科学技术是第一生产力，激发了人们对科学技术的重视和热情。高考制度恢复重新使大学承担起培养人才、开展科研等职责（见图 4-2）。

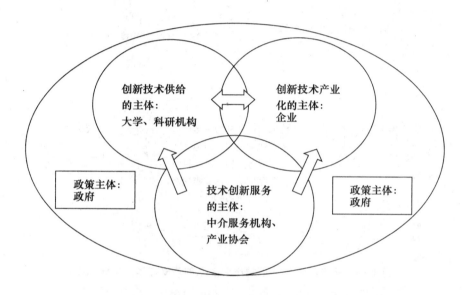

图 4-2 体制转型时期的产业技术创新支撑体系主体构成

这一阶段产业创新技术供给主体主要是大学、科研机构，尤其是产业部门的科研院所承担了大量的产业技术供给任务。创新技术产业化主体主要是企业。技术创新服务主体主要是中介服务机构、产业协会等。政府通过政策引导和促进产业技术创新，其中比较重要的是，明确了"面向、依靠"的科技方针，引导科技力量面向经济建设主战场；建立了知识产权制度，1980 年成立中国专利局，之后颁布《商标法》、《专利法》、《著作权法》等；制定了《科技进步法》（1993）、《促进科技成果转化法》（1996）等，为产业技术创新的开展提供了法律保障；还出台了科技攻关计划、863 计划、星火计划、火炬计划、新产品计划等一系列国家科技计划，支持企业和产业技术创新。

3. 市场经济条件下的支撑体系主体构成（2000年至今）

进入21世纪以来，我国市场经济体制框架基本形成，产业技术创新支撑体系不断完善（见图4-3）。

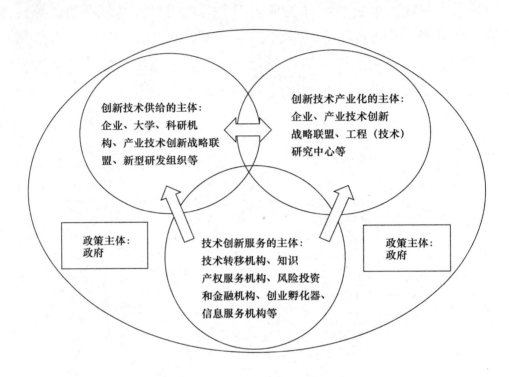

创新技术供给的主体：
企业、大学、科研机构、产业技术创新战略联盟、新型研发组织等

创新技术产业化的主体：
企业、产业技术创新战略联盟、工程（技术）研究中心等

政策主体：
政府

技术创新服务的主体：
技术转移机构、知识产权服务机构、风险投资和金融机构、创业孵化器、信息服务机构等

政策主体：
政府

图4-3 市场经济条件下的产业技术创新支撑体系主体构成

企业研发机构建设得到快速发展，许多大中型企业建立了内部研发机构甚至研发体系，不仅增强承接产业创新技术、进行新产品开发的能力，部分企业开始具备产业创新技术的研发能力。产业部门的技术开发类院所进行了企业化转制，大多数进入企业，成为这些企业内部研发力量的核心和基础。部分院所仍发挥着一些行业共性技术研发职能，如中国钢研集团、北京矿冶研究总院、有色研究总院、武汉邮科院等。大学和中国科学院在不断提高基础研究能力的同时，也积极参与产业技术创新，产出一大批重大产业创新技术成果。近年来，还出现了产业技术创新战略联盟、新型研发组织等许多新的主体。技术创新服务主体也有了较大发展，如各类企业孵化器、企业加速器、创客空间、天使投资和风险投资机构、知识产权服务机构、信息情报服务机构等。在政策和社会环境营造方面，瞄准创新型国家建设的目标，逐步

形成比较完整的创新政策体系。

（二）发展现状

经过 30 多年的改革开放，我国已经成为世界工业大国，产业技术水平迅速提升，新的产业技术创新支撑体系正在形成，除了企业、科研院所和高校等已有的主体外，还出现了许多新的主体。各类主体在产业技术创新中不断完善自身的角色和功能。

1. 企业研发机构

中国企业研发（R&D）经费投入大幅度增长。2014 年全国企业 R&D 经费支出总额达到 9816.5 亿元，占全国 R&D 经费支出总额的 75.4%。与世界主要国家相比，2011 年中国企业 R&D 经费支出总额为 6579 亿元（1018 亿美元），在世界上仅低于美国和日本，居第三位；2011 年中国企业 R&D 经费支出总额占全国 R&D 经费总额的比重为 75.7%，在世界上仅低于日本、韩国和以色列。显示中国企业 R&D 经费投入规模已经居世界前列（见图 4-4）。

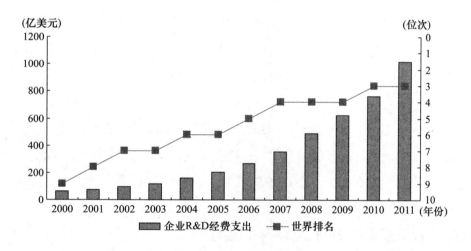

图 4-4 2000~2011 年中国企业 R&D 经费支出总额及世界排名

中国企业 R&D 机构建设进展明显。据统计，全国规模以上工业企业办 R&D 机构数从 2000 年的 15529 个增加到 2014 年的 57199 个，增长 3.7 倍；机构人员数从 2000 年的 60.1 万人增加到 2014 年的 246.4 万人，增长 4.1 倍；机构经费支出从 2000 年的 435.8 亿元增加到 2014 年的 6257.6 亿元，增长 14.3 倍。显示中国企业 R&D 机构建设取得长足进步，为企业开展 R&D 活动提供坚实的物质基础（见表 4-3）。

表 4-3　全国规模以上工业企业办 R&D 机构情况

年份 指标	2000	2004	2008	2012	2014
机构数（个）	15529	17555	26177	45937	57199
机构人员数（万人）	60.1	64.4	130.4	226.8	246.4
机构经费支出（亿元）	435.8	841.6	2634.8	5233.4	6257.6

资料来源：《中国统计年鉴》（2015）。

2. 国家重点实验室和国家工程实验室建设

国家重点实验室建设始于 1984 年，其主要任务是针对学科发展前沿和国民经济、社会发展及国家安全的重要科技领域和方向，开展创新性研究。国家重点实验室是依托大学、科研院所和企业建设的非独立法人机构。按照科技部基础司发布的《2014 年国家重点实验室年度报告》，截至 2014 年底，正在运行的国家重点实验室共 258 个，试点国家实验室 6 个。2014 年，国家重点实验室和试点国家实验室共主持和承担各类在研课题 37601 项，比 2013 年增长 6.4%；获得研究经费 167.8 亿元，较 2013 年增长 5.5%。2014 年，国家重点实验室和试点国家实验室共获得国家级奖励 110 项（含参与）。其中国家自然科学奖一等奖 1 项，国家技术发明奖（通用项目）一等奖 1 项。国家自然科学奖二等奖 27 项，占授奖总数的 60.0%；国家技术发明奖（通用项目）二等奖 25 项，占授奖总数的 47.2%；国家科技进步奖特等奖 1 项，占授奖总数的 100%，一等奖 5 项，占授奖总数的 35.7%。此外，获得授权发明专利 7600 余项。

企业国家重点实验室自 2006 年开始建设，主要任务是面向社会和行业未来发展的需求，开展应用基础研究和竞争前共性技术研究，研究制定国际标准、国家和行业标准，聚集和培养优秀人才，引领和带动行业技术进步。按照科技部基础司发布的《2014 年企业国家重点实验室年度报告》，截至 2014 年底，正在运行的企业国家重点实验室 99 个。2014 年，企业国家重点实验室共主持和承担各类在研课题 2441 项，获得研究经费 33.8 亿元。2014 年，企业国家重点实验室共获得国家级奖励 23 项（含参与），其中国家技术发明奖二等奖 7 项，国家科技进步奖一等奖 6 项、二等奖 10 项。获得授权国家发明专利2691项、国际发明专利180项。制定国际、国家及行业标准456项。

国家工程实验室自2007年开始建设，主要任务是开展重点产业核心技术的攻关和关键工艺的试验研究、重大装备样机及其关键部件的研制、高技术产业的产业化技术开发、产业结构优化升级的战略性前瞻性技术研发以及研究产业技术标准、培养工程技术创新人才、促进重大科技成果应用、为行业提供技术服务等。国家工程实验室依托企业、转制科研机构、科研院所或高校等建设。根据2015年国民经济和社会发展统计公报，截至2015年底，累计建设国家工程实验室158个。

3. 国家工程（技术）研究中心

20世纪90年代，国家科技部和国家发改委分别组织实施国家工程技术研究中心和国家工程研究中心建设项目计划。

国家工程技术研究中心是依托于科技实力雄厚的科研院所、高等院校或企业，拥有国内一流的工程技术研究开发、设计和试验专业人才队伍，具有较完备的工程技术综合配套试验条件，能够提供行业公益性服务，具有自我良性循环发展机制的技术研究开发平台。其主要任务是探索科技与经济结合的新途径，加强科技成果向生产力转化的中心环节，提高科技成果的成熟性、配套性和工程化水平，为国民经济和社会发展提供技术创新支撑。按照科技部基础司发布的《国家工程技术研究中心2014年度报告》，截至2014年底，共建成国家工程技术研究中心346个，包括分中心在内为359个。2014年，国家工程技术研究中心申请发明专利8118项，较上年增长12.17%；获授权发明专利3817项，较上年增长14.14%。2014年，共承担科研项目23207项，同比增长6.20%，其中承包大型成套工程项目1635项；共建成中试基地308个，中试生产线344条。2014年，国家工程技术研究中心采取共同研究开发、委托生产加工、咨询服务等合作方式，与14294家国内外大专院校、科研机构、企业开展技术合作。

国家工程研究中心是根据建设创新型国家和产业结构优化升级的重大战略需求，以提高自主创新能力、增强产业核心竞争能力和发展后劲为目标，组织具有较强研究开发和综合实力的高校、科研机构和企业等建设的研究开发实体。其主要任务是研究开发产业关键共性技术，开展重大科技成果的工程化和系统集成，为规模化生产提供成熟的先进技术、工艺及其技术产品和装备，对引进技术的消化吸收再创新和开展国际合作交流，提供工程技术验证和咨询服务，为行业培养工程技术研究与管理的高层次人才。根据 2015 年国民经济和社会发展统计公报，截至 2015 年底，累计建设国家工程研究中心 132 个。

4. 产业技术创新战略联盟

2008 年 12 月，国家科技部、财政部、教育部、国务院国资委、中华全国总工会、国家开发银行 6 部门联合发布了《关于推动产业技术创新战略联盟构建的指导意见》。该意见指出，产业技术创新战略联盟是指由企业、大学、科研机构或其他组织机构，以企业的发展需求和各方的共同利益为基础，以提升产业技术创新能力为目标，以具有法律约束力的契约为保障，形成的联合开发、优势互补、利益共享、风险共担的技术创新合作组织。产业技术创新战略联盟是以国家战略产业和区域支柱产业的技术创新需求为导向，以形成产业核心竞争力为目标，以企业为主体，围绕产业技术创新链，运用市场机制集聚创新资源，实现企业、大学和科研机构等在战略层面有效结合，共同突破产业发展的技术瓶颈，将成为实现科技与经济结合、科技引导经济发展的有效途径。截至 2015 年底，我国已有 146 家国家层面试点联盟，省级及地市级联盟更是数以千计。

这类联盟将企业、大学、科研机构等各类主体的优势互补，资源共享，共同推动产业技术创新。以 TD 产业为例，2000 年随着 TD - SCDMA 标准被国际电联和 3GPP 接纳为第三代国际移动通信标准之一，为改变我国移动通信产业技术基础薄弱的局面，提升我国移动通信产业核心竞争力，在国家科技部、发改委和原信息产业部等部门的推动下，大唐、华为等通信企业发起成立 TD 产业技术创新战略联盟，该联盟作为我国 TD 产业技术创新支撑体系的核心组织，代表产业界快速达成统一共识，探索建立产业链上下游并行开发模式和知识产权共享机制，使产业创新资源得到有效整合，大大加快了 TD - SCDMA 产业化的整体进程，并为后续演进技术发展和第四代国际移动通信标准确立奠定了基础。

再如汽车轻量化技术创新战略联盟，由 1 个行业组织（中国汽车工程学会）、8 个整车企业（一汽、北汽、上汽、吉利、长安、奇瑞、长城和东风）、2 个冶金企业（宝钢和西南铝业）、3 所高等院校（哈尔滨工业大学、吉林大学和华东理工大学）和 1 个科研机构（中国汽车工程研究院）组成。汽车轻量化是实现汽车节能减排的基础技术之一。在联盟运行中，行业组织负责组织协调和新技术推广应用，整车企业负责汽车产品的设计，并依据整车产品的特点对相关技术进行分解，并制定相关技术接口标准和创新项目的产业化，冶金企业负责相关材料和技术支持，高校和科研机构负责共性技术的支撑。经过几年协作和努力，联盟成员围绕5种目标车型，攻克了高强度钢、纤维增强材料、内高压成形技术等7项关键技术，建设了两个共性技术平台，为大规模推广应用奠定坚实基础，提升了中国汽车产业的竞争力。

5. 制造业创新中心

2015年5月，国务院发布了《中国制造2025》，其中制造业创新中心建设工程是五大工程之一，计划到2020年建设15家左右，到2025年达到40家左右。通过制造业创新中心建设，弥补实验室产品与产业化之间的缺失环节，解决行业共性技术供给不足问题。制造业创新中心建设工程肩负着凝聚创新力量，打造新型载体，支撑制造强国建设的重大使命。

2016年6月，首个国家制造业创新中心——国家动力电池创新中心成立。该中心以有色研究总院所属的国联汽车动力电池研究院有限责任公司为核心、中国汽车动力电池产业创新联盟为外延，面向行业共性需求，围绕研发设计、测试验证、中试孵化和行业服务能力开展建设工作，搭建协同攻关、开放共享的动力电池创新平台，聚焦关键材料、动力电池及系统等共性关键技术的研究开发，协同技术、装备、人才、资金等各类资源，打通前沿技术和共性技术研发供给、转移扩散和首次商业化的链条，从而为我国实现动力电池技术突破，提升动力电池产业竞争力，支撑新能源汽车产业发展提供战略支撑。同时，也希望通过探索形成有效的发展模式和路径，为其他创新中心的建设提供示范和借鉴。

6. 协同创新中心

2012年3月，教育部、财政部联合启动"高等学校创新能力提升计划"（简称"2011计划"）。该计划以协同创新中心建设为载体，探索建立适应于不同需求、形式多样的协同创新模式，促进校校、校所、校企、校地以及国际间的深度融合。协同创新中心分为面向科学前沿、面向文化传承创新、面向行业产业和面向区域发展四种类型。国内一批高校从重大前瞻性科学问题、行业产业共性技术问题、区域经济与社会发展的关键问题以及文化传承创新的突出问题出发，充分发挥高校多学科、多功能的综合优势，联合科研院所、行业企业、地方政府等优势资源，建立一批协同创新中心，形成"多元、融合、动态、持续"的协同创新模式与机制，培养拔尖创新人才，逐步成为具有国际重大影响的学术高地、行业产业共性技术的研发基地和区域创新发展的引领阵地，在国家创新体系建设中发挥重要作用。2013 年，有关部门认定了首批国家协同创新中心，涵盖了量子物理、化学化工、生物医药、航空航天、轨道交通、新型材料、纳米科技等领域。这些研究方向体现了国家的重大需求，也是国际科技前沿竞争的需要。

7. 公共科技条件平台

公共科技条件平台是充分利用现代信息技术等手段，有效整合科技资源，为全社会的科学研究、技术创新和社会民生提供共享服务的网络化、社会化的组织体系。2004 年 7 月，国务院办公厅转发了科技部、财政部、发改委、教育部联合制定的《2004～2010 年国家科技基础条件平台建设纲要》，对平台建设的整体推进做出了部署。至今我国公共科技条件平台建设已经取得了很大进展。初步建成了以研究实验基地和大型科学仪器设备、自然科技资源、科学数据、科技文献等六大领域为基本框架的国家科技基础条件平台体系。同时，各地方结合本地科技经济发展的具体需求和自身优势，因地制宜地建成了一批各具特色的地方科技条件平台。

以深圳国家基因库为例。该基因库是 2011 年 10 月由国家发改委、财政部、工业和信息化部、国家卫生和计划生育委员会 4 部委批复，由深圳华大基因研究院组建及运营。该基因库着眼于为我国生命科学研究和生物产业发展提供基础性和公益性服务平台，储存和管理我国特有的遗传资源、生物信息和基因数据。深圳国家基因库是由生物多样性库、农业种子库、疾病库和数据库组成的综合库，分两期建设。建成运行后将在生物大样本及资源存储、基因测序、数据库建设、产业应用等方面开展大量工作，其中作为生物样本资源库的湿库将具备千万级生物样本、亿级人源样本的存储能力。

在试运行期间，国家基因库已初步建成 40 多个数据库，如中国肿瘤基因组（CCGC）数据库、癌症数据库等。据介绍，CCGC 现已收集了超过 25 种癌症类型数据，近 3000 例样本数据，近 5 万条变异信息。基因库建设对推动生命科学和生物产业发展，对于抢占未来生物经济的战略制高点、掌控基因战略资源，具有极其重要的战略意义。

8. 风险投资机构和天使投资

1985 年，国务院批准成立了第一家风险投资机构——中国新技术创业投资公司，标志着我国风险投资正式起步。经过 30 年的发展，截至 2014 年底，我国各类风险投资机构达到 1551 家，其中创业投资基金 1167 家。2014 年，全国风险投资管理资本总量达 5232.5 亿元。相比美国的风险投资基金为 1206 家，管理的资本总额 1565 亿美元（约合 1 万亿元人民币）；欧洲的私募股权投资企业超过 1200 家，其中风险投资机构约占 40%，管理资本总量超过 500 亿欧元（约合 4000 亿元人民币）。无论是机构数量还是管理资本总量，中国都已经成为风险投资大国。[①]

我国风险投资发展的重要趋势之一是天使投资人队伍壮大。据清科研究中心的统计，截至 2013 年底，中关村的活跃天使投资人近 500 名，活跃天使投资基金 30 只，管理天使投资基金规模近 24 亿元。从投资总量上看，2013 年活跃于中关村的天使投资机构共投资 59 起，投资总额 4.86 亿元人民币，平均投资规模为 823.73 万元。2013 年活跃于中关村的天使投资机构，新募集完成 8 只天使基金，募集资金总额 4.94 亿元。许多优秀早期投资项目成功走向资本市场或得到大额后续融资。2013 年共有 29 个项目获得后续融资，后续融资总规模达到 10.31 亿元。天使投资与孵化服务结合更加紧密。如联想之星，每年投入巨资免费为创业者提供实用的、企业经营方面的培训，同时配有 4 亿元人民币的天使投资基金。此外，还涌现出天使投资协会、天使投资联盟、天使投资百人会、天使投资俱乐部等行业组织及创业主题类咖啡馆等天使投资服务机构。

9. 新型研发机构

近年，我国出现一批有别于传统科研机构的新型研发机构，根据注册类型，通常可分为三类：一是事业单位类型，一般由地方政府联合大学或科研院所建立，如清华大学深圳研究院、中国科学院深圳先进技术研究院等；二是企业类型，主要有两种，一种由地方政府所属投资公司出资建立，注册为企业法人运行的机构，如昆山工业技术研究院，另一种由企业发起联合大学和科研院所组建的，如泉州微波技术研究院；三是社会组织类型，由政府、企业等共同出资组建的非营利性社会组织，一般注册为民办非企业单位法人，如上海产业技术研究院、浙江纺织工业研究院和香港大学浙江科学技术研究

---

① 张俊芳、郭戎：《中国创业投资发展的演进、特征与问题》，中国科学技术发展战略研究院《调研报告》2016 年第 22 期（总第 1970 期）。

院等。

这些新型研发机构的建设和运行与传统科研机构有很大差别，主要体现为多元投资主体、企业化管理机制、弹性化人才队伍以及以企业和产业需求为导向开展研发活动。[①]

（三）主要问题

我国产业技术创新支撑体系存在的主要问题大体可归为三类：企业的研发和创新能力不强；主体间联合机制缺乏，即知识创新链、技术创新链、产业链相互脱节，没能形成系统优势；外部环境支撑不够，即与产业技术创新支撑体系匹配的制度安排相对缺乏。

1. 企业技术创新主体作用有待加强

发达国家产业技术创新的经验显示，企业、大学、科研机构等都是产业创新技术供给的主体。根据相关科技统计数据，目前我国企业 R&D 投入、R&D 人员数量、专利申请和授权量等指标均在全国占主要地位。但从创新能力来看，企业承担或参与产业共性和关键技术研发和创新的能力不足，许多领域缺乏具有自主知识产权的核心技术，制约企业创新的体制机制障碍仍然存在，企业在产业技术创新中的作用有待加强。

2. 创新主体间的协同机制缺乏

现代产业技术是多种技术的复合体，新技术之间、不同门类技术之间的相互渗透与结合是一大趋势，尤其在高新技术发展方面尤为突出，而且结合的成效也在很大程度上决定着技术水平。但目前我国各类主体之间合作面临许多问题，特别是存在很多体制机制方面的障碍。例如，产学研各方由于体制差异、评价机制和评价标准的不同导致难以形成长效的合作机制，影响许多产业技术系统集成不足，无法围绕产业链形成技术创新链。

此外，产业技术创新中知识创新链、技术创新链、产业链的耦合不足，相互脱节，主要表现在知识转化环节的薄弱，科技创新的规模优势不能有效转化为生产力，体现在产业技术创新支撑体系的协同性不够。

3. 外部环境支撑不够

在产业共性技术研发及产业技术创新支撑体系建设方面，体现国家战略

① 周华东：《我国新型研发机构到底是什么》，中国科学技术发展战略研究院科技体制与管理研究所《科技政策参考》2016 年第 11 期（总第 98 期）。

意图的制度安排不足，缺乏系统战略谋划。导致在计划经济体制下建立的传统产业技术创新支撑体系打破后，适应市场经济体制、顺应产业发展和技术进步的新的支撑体系尚处在探索之中。在一定程度上已经制约了产业技术创新和产业竞争力提升。政府作为创造政策和社会环境的主体，应积极发挥作用。通过适度的干预，促进产业技术创新支撑体系的建设和发展。

（四）发展趋势

如果从发展的角度特别是从产业发展的角度看，产业技术创新支撑体系的主体及其在体系中的作用是不断变化的，对我国而言，比较突出的变化趋势表现在以下几个方面：

1. 企业的主导作用不断增强

随着市场机制在资源配置中决定性作用的不断增强和我国企业研发经费和人员投入规模和份额的不断提高，特别是一些产业龙头企业的壮大，企业在产业技术创新中的主导作用不断增强。主要表现在：一是产业技术的研究方向和课题越来越多地由企业提出，研究经费更多地来自企业，研究成果主要由企业享有；二是企业研发机构和研发人员在研发过程中的主导作用不断增强，对各种科技资源特别是企业外部科技资源的整合和利用能力不断增强；三是企业研发的战略性、前瞻性和系统性不断增强，在产业技术创新中的作用不断提高。

2. 联合主体的数量和能力不断提升

随着产学研的深度融合，产业技术创新战略联盟、产业或区域科技创新（服务）平台等产业技术创新联合主体的数量快速增长，能力不断提升，作用越来越大。联合主体不仅在组织关系和独立性上不断增强，而且在围绕产业共性技术和关键技术及产业技术创新链的薄弱环节进行研发和创新的能力不断提升，促进了各类主体的协同创新，促进了知识创新链、技术创新链、产业链的耦合。

3. 各类主体的功能定位更加清晰

随着我国市场经济的不断完善和企业研发能力的不断增强，政府、企业、大学、科研机构、技术创新服务机构等各类主体在产业技术创新支撑体系中的定位更加清晰、分工更加明确、协作更加顺畅。政府更聚焦于营造有利和公平的创新政策环境、公共科技基础设施、科技教育和创新文化；企业不仅在创新技术产业化中发挥主要作用，而且在产业创新技术研发中的作用也不断增强，整合利用产业创新资源的能力不断增强；大学和科研机构不仅更加注重前沿性、基础性和共性技术的研发，而且注重从产业和企业的实际需要确定研究课题和开展研发活动，注重与企业研发活动的有效连接和互动；各类技术创新服务机构的功能更强，与创新技术研发和产业化机构的关系更加密切，服务体系更加完善。

第五章　产业技术创新支撑体系的政策研究

产业技术创新是产业革命、经济发展和社会进步的强大动力，产业技术创新支撑体系则为产业技术创新提供了基础和支撑。在现代市场经济环境下，产业技术创新支撑体系的建设与发展离不开政府政策的支持与推动，这涉及政策目标、政策指向、政策结构、政策工具等。相关政策体系的构建不仅要着眼于产业技术创新支撑体系的共性特点与结构，又要充分体现不同的产业、产业发展阶段和市场结构的特点。依据产业技术创新支撑体系的"3＋1"功能结构模型，本章在对产业技术创新相关理论进行回顾和梳理的基础上，尝试构建产业技术创新支撑体系的政策结构模型，并据此提出政策设计的基本考虑，进而从产业类型、产业生命周期、产业市场竞争状态等不同维度，分析其对政策选择的影响。

一、相关的理论探讨

政府运用政策手段干预和推动产业技术创新和经济增长，是世界大多数国家在工业化过程中的普遍做法，只是在不同历史时期及国际地位不同的国家所采取的政策措施和程度存在差异。在第一次工业革命时期，英国就采取了诸如鼓励移民来吸收欧洲国家的技术和人才，实施政府采购激励创新，对技术、设备出口和技术人员外流采取限制性措施以避免技术外流等政策措施。

之后的美国、德国、苏联、日本等国的工业化过程中，各个国家根据自己的状况和特点也采取了相应的政策，如日本从明治维新起，采取了改善法律系统、改进教育体系、培育和发展新产业、运用政府和军事采购支持本土企业等一系列措施，"二战"后又通过经济政策、产业政策、贸易政策、技术政策等，促进产业技术创新，推动传统产业向更先进技术产业的转变，使日本迅速在其追赶的产业领域，如钢铁、造船、汽车、家电、电子等领域占据世界领先地位。通过总结历史经验和政策实践，学术界围绕创新与经济增长、追赶、后发优势、产业国际竞争力等进行了大量的理论研究，其中许多都涉及关于政府政策作用的分析，从而为政府运用政策手段干预产业技术创新提供了理论依据。以下简要地介绍和探讨一些相关的理论和观点。

（一）关于技术创新与经济增长理论

工业革命以来，关于技术创新与经济增长的研究一直是学术界研究的重点。技术变迁与经济增长曾经是亚当·斯密、卡尔·马克思等古典经济学家研究的核心内容。在 20 世纪，主流经济学对技术因素在长期经济增长中作用的研究始于索洛（Robert Solow），他把外生的技术进步作为经济增长的一个解释因子，运用新古典生产函数原理，论证经济增长率取决于资本和劳动的增长率、资本和劳动的产出弹性以及随时间变化的技术创新。之后经阿罗（Kenneth Arrow）、乌扎瓦（Uzawa）和薛尔（Shell）、罗默（Paul Romer）和卢卡斯（Robert Lucas）等人的努力，知识和技术在增长模型中进一步内生化，形成了不同于新古典增长理论的新增长理论。按照新增长理论，技术是经济趋同的关键，后发国家或地区如果引进发达国家或地区的先进技术，缩小技术水平的差距，就能够缩小与发达国家之间经济发展水平的差距。尽管新增长理论对技术获取和技术扩散过程中的很多复杂因素难以刻画，但就干中学、知识溢出和报酬递增等的解释而言，新增长理论较之传统的增长理论有了很大进展。

关于技术进步与经济增长研究的另一个影响较大的学派是演化经济学派（也称新熊彼特主义学派）。与新古典经济学的静态均衡分析相比，演化经济学注重对变化的研究，把经济系统看作演化过程的产物，强调时间与历史在经济演化中的重要地位，强调制度变迁的影响。演化经济学的思想渊源于 19世纪下半叶德国历史学派，后来的马克思、凡勃伦（Thorstein Veblen）和熊彼特等大师也贡献了丰富的经济演化思想。在较长时间没有受到应有的关注后，20 世纪 80 年代后，演化经济学获得了较大发展，在当前的非主流经济学流派中已经有了重要影响。演化经济学最早的经济增长模型是纳尔逊（Richard Nelson）和温特（Sideny Winter）1982 年提出的，之后基亚罗蒙特（Chiarromonte）和多西（Dosi）、席维伯格（Silverberg）和菲思佩奇（Verspagen）以及马勒巴（Malerba）等人的进一步研究，使演化经济学的体系日益完善。与主流经济理论相比，演化经济学可以帮助人们更好地了解技术进步以及行业和产品的变迁，理解创新发生的过程，更好地了解经济的演化过程。

新古典主义和演化经济学两个学派的主要区别是对创新不确定性的认识，演化学派相比新古典主义学派，更强调偶然和特殊历史环境对经济增长过程的影响，将技术追赶视为结构、制度、权利和社会阶层转化的复杂现象，而不是一个单纯的增长过程。但两者都认为，技术创新对经济增长非常重要，而且政府政策可以起到积极的作用。当市场对技术创新的供给、需求等方面出现失效时，或技术创新资源不能满足经济社会发展要求时，政府应当采取金融、税收、法律以及政府采购等调控手段，对技术创新活动进行干预，以提高技术进步在经济发展中的促进和带动作用。相比而言，演化经济理论只是更强调制度环境本身就是在技术和经济发展影响下而变化的内生变量，制度环境既可能是技术进步的促进因素也可能是其障碍，因而制定政策和精确预测政策措施的效果是比较困难的。两大理论学派为政府运用政策来干预和影响产业发展和经济增长提供了理论依据，而演化经济理论使人们对政策方式和政策效果的认识持更加谨慎的态度。①

基于上述理论分析，公共政策干预的前提是市场出现失灵，这涉及哪些领域和什么状况下需要政府作用？以及政府应采用何种形式何种程度的干预手段来弥补市场失灵？如何恰当地处理政府与市场的关系？这是制定和评估产业技术创新政策需要着重考虑的。例如，日本经常被视为政府运用政策干预和支持产业发展和经济增长、实现成功追赶的范例。尤其"二战"以后，日本政府采取了多种措施支持汽车、消费类电子产品、集成电路等战略性产业发展，包括对共性技术研发的补贴和对幼稚产业的保护。日本通产省（MI-

① 关于技术创新与经济增长的新古典主义和新熊彼特主义两大学派的理论观点及其演进过程，可参阅［挪］詹·法格博格、［美］戴维·莫利、［美］理查德·纳尔逊主编，柳卸林等译：《牛津创新手册》，知识产权出版社，2009 年，第 18 章　创新与经济增长。

TI）的做法之一是将产业内相关的竞争企业召集起来，共同攻关制约产业发展的关键共性技术。但通产省主导产业和经济的模式甚至在日本经济最辉煌的时候也受到质疑。在经过几十年的高速增长之后，尤其是通产省的第五代计算机计划、高清电视（HDTV）计划等遭遇严重挫折，日本政府逐步减少了类似的干预做法，2001 年通产省改名为经济产业省（METI）。而且需要强调的是，以往人们对日本政府运用产业政策等手段推动产业发展和技术进步的作用可能高估了，大量统计数据都显示，日本政府对私营部门研发活动的财政资助历来保持较低水平，日本政府还特别强调避免政府作用对私人企业成长的阻碍，致力于建立一个竞争激烈的国内市场以培育和增强企业的国际竞争力。因此，让市场真正发挥作用才是日本经济实现赶超的根本原因之一。

（二）关于技术创新与"追赶"理论

回顾世界工业化的发展历史，实际是一个后发者不断追赶先行者的过程。每个关键的历史转折点，都会出现一些成功的赶超者。成功地赶超并成为新的领先者是所有后发工业化国家的主要目标。

"追赶"是指某个后发国家缩短与先进国家在生产率和收入上的差距。在世界工业化历史中，只有一部分后发国家或地区实现了某种程度上的追赶甚至超越。对这些成功追赶国家或地区的研究显示，成功的追赶不仅是由于他们学习掌握了现有产业中已有的技术，更多是依靠创新。英国在 19 世纪的大部分时期处于领导地位，其人均 GDP 甚至高出其他发达国家 50 个百分点。但在 19 世纪后半期，美国和德国快速追赶并最终超越了英国的领先位置。美国和德国的成功追赶绝不是靠简单地模仿英国已经使用的先进技术，而是发展出新的产业技术和组织创新。例如，美国的基于大规模生产、研究开发和分销的规模经济效应，德国在化学工业中的研发组织模式等。历史经验也显示，追赶的过程存在着不同的路径，并导致不同的结果。[①]

关于追赶的最早理论至少可以追溯至美国的第一任财政部长亚历山大·汉密尔顿（Alexander Hamilton）。200 多年前，美国试图缩短与英国之间的差距，当时有些人基于亚当·斯密的理论，认为美国应当实行自由贸易政策，

① ［挪］詹·法格博格、［美］戴维·莫利、［美］理查德·纳尔逊主编，柳卸林等译：《牛津创新手册》，知识产权出版社，2009 年，第 505 - 506 页。

政府远离经济事务，坚持发挥美国在农业方面的比较优势。针对这一观点，汉密尔顿提出幼稚产业保护的理论。在建国初期，汉密尔顿最早洞察到英国正在发生的工业革命的深远意义。他向国会呈交了《关于制造业的报告》，论证了发展制造业的重要性，提出国家扶持制造业发展的措施。这一报告体现了汉密尔顿期望美国由农业国变成工业国的强烈愿望。他的报告受到同时代人的冷漠，没有被国会采纳，因为当时美国还没有感受到发展制造业的紧迫性。到了19世纪30年代，当美国工业革命开始起飞时，这个报告成为美国人迫切研究的文件。

弗里德里希·李斯特（Georg Friedrich List）是德国历史学派的先驱者，是古典经济学的怀疑者和批判者，保护贸易理论的倡导者。他的观点深受汉密尔顿以及美国学派的影响，不赞同英国古典学派的自由放任的经济理论，认为国家应该在经济生活中起到重要作用，提出了以工业进步为中心的经济发展阶段论。李斯特从强调落后国家的特殊国情、落后国家所处的较低发展阶段以及落后国家特殊利益的角度，提出必须对私人经济实行干预的主张。特别是当一国经济实力处于扩张并且正在向农业和制造业或农业、制造业和商业并存的经济强国转变的关键时期，尤其需要借助国家干预的力量。同时，李斯特也认为，对经济的一切领域实行干预并非明智之举，国家的干预或管制只能限于部分领域，包括借助海军和航海法规保护本国的商船；修筑公路、铁路、桥梁、运河、防海堤等基础设施；制定专利法和各项有利于生产与消费的法规；实行保护贸易以促进本国制造业成长等。他特别指出，英国在经济起飞阶段也采取了幼稚产业保护的政策，只是当英国处在领先地位时，才开始主张自由贸易。他认为这不过是英国在工业化成功之后的"过河拆桥"而已。

汉密尔顿、李斯特及其学派的理论观点为政府干预产业发展和经济增长提供了理论依据，而且其理论观点也在美国、德国的工业化中得到应用和检验，对后世的发展经济学、国际贸易等理论发展及后发国家的政策实践产生了深远影响。

1986年阿伯拉莫维茨（Moses Abramovitz）提出了"追赶假说"，即不论是以劳动生产率还是以单位资本收入衡量，一国经济发展的初始水平与其经济增长速度都呈反向关系。他同时指出，这一假说的关键在于把握潜在与现实的区别，因为这一假说是潜在的而不是现实的，只有在一定的限制下才能成立。第一个限制因素是技术差距，即后发国家与先发国家之间存在着技术水平的差距，它是经济追赶的重要外在因素，正因为存在技术差距才使经济追赶成为可能。即生产率水平的落后，使经济的高速发展成为可能。第二个限制因素是社会能力（Social Capability），即后发国家为了实现追赶而展开的努力和所具有的能力，如改善教育、增加 R&D 投资等，它是经济追赶的内在因素。即与其说是处于一般性的落后状态，不如说是处于技术落后但社会进步的状态，才使一个国家具有经济高速增长的强大潜力。他的理论假说不仅指出了后发国家实现赶超的可能性，也指出了后发国家成功追赶的努力方向和路径。

许多研究也表明，不同国家不同时期，存在着追赶路径的差异，并导致不同的结果。没有哪种追赶路径对每个国家都适用，必须充分考虑到各个国家或地区的资源禀赋、发展环境和基础条件。政府在追赶中能够发挥重要作用，尤其是在追赶的早期阶段。德国、日本、亚洲的新兴工业化国家或地区的追赶历史都充分证明了政府在其中的重要作用。各国比较普遍采取的政策包括：对教育的充分投资，尤其是在工程和自然科学方面；加大 R&D 和创新资源的投入力度；提高企业的技术能力以及改善创新的基础设施等。

相关研究也显示，不同追赶时期需要不同的追赶策略，即先前追赶有效的政策和制度过了一段时间后可能会发现不再有效或效果明显减弱。如日本专业性和高效率的金融体系，通过公众的高储蓄率来集聚大量资金投入到需要的规模化产业中，成为实现追赶的重要因素。但随着追赶接近或已经完成后，这一金融体系仍在继续鼓励储蓄、搜罗资金，最终导致日本的产业过剩和长期经济衰退。韩国充满国家"快速追赶"意志的金融体系，也是没有随着追赶进程而适时改变，从而导致了 1997 年前所未有的金融危机。因此，政策选择需要考虑当下的经济、技术、制度和社会环境。①

（三）关于后发优势理论

与"追赶"研究密切相关的是后发优势理论。美国经济史学家亚历山大·格申克龙（Alexander Gerchenkron）在总结德国、意大利等国追赶成功经

---

① 关于技术创新与追赶的相关研究，可参阅 [挪] 詹·法格博格、[美] 戴维·莫利、[美] 理查德·纳尔逊主编，柳卸林等译：《牛津创新手册》，知识产权出版社，2009 年，第 19 章 创新与超越。

验的基础上，于 1962 年创立了后发优势理论。格申克龙对 19 世纪德国、意大利、俄国等欧洲较落后国家的工业化过程进行了分析，认为经济相对落后的国家，其工业化进程和特征在许多方面表现出与先进国家显著的不同。落后国家的工业化往往比工业革命的先行者以更快的速度发展。这种"落后的优势"来自落后国家直接采用当时最先进的技术，而不用承受一开始逐步发展这种技术的代价。落后国家工业化的鲜明特色是突变性和"不连续性"，与先进国家的工业部门之间的前后关联是逐渐自然形成的不同，在后发国家工业化过程中，必须同时性地建立起各工业部门之间的前后关联。他还发现，一个国家的经济越落后，在其工业化进程中对大工厂和大企业的强调越明显；越强调生产资料而非消费资料的生产；其工业化所需资本的动员和筹措越带有集权化和强制性特征。这些差异化特点使得落后国家与工业革命的先行国相比，政府在工业化中的作用更大，政府作用或一些组织创新对追赶来说是十分必要的。为了实现成功的追赶，后发者需要采用新的制度手段，实现资源的流动和最优配置，以满足新技术发展所需要的大规模资源需求。例如，德国在教育系统、研发组织、银行体制等方面的创新对实现赶超起到了重要作用。

许多学者对后发优势理论进行了进一步的研究。美国社会学家列维（M. J. Levy）从现代化的角度将后发优势理论具体化。列维认为后发优势体现在以下五个方面：一是后发国家对现代化的认识要比先发国家开始现代化时对现代化认识丰富得多；二是后发国家可以大量采用和借鉴先发国家的成熟的计划、技术、设备以及与其相适应的组织结构；三是后发国家可以跳越先发国家的一些必经发展阶段，特别是在技术方面；四是由于先发国家的发展水平已达到较高阶段，可使后发国家对自己现代化前景有一定的预测；五是先发国家可以在资本和技术上对后发国家提供帮助。他尤其提到资本积累问题，认为先发式现代化过程是一个逐步进化的过程，因而对资本的需求也是逐步增强的。后发式现代化因在很短的时间内迅速启动现代化，对资本的需求就会突然大量增加，因此后发国家需要特殊的资本积累形式。实行这种资本积累，也必然需要政府的介入。

1993 年，伯利兹（Brezis）、保罗·克鲁格曼（Paul Krugman）、齐东（D. Tsiddon）在总结发展中国家成功发展经验的基础上，提出了基于后发优势的技术发展的"蛙跳模型"（Leapfrogging Model）。它是指在技术发展到一定程度、本国已有一定的技术创新能力的前提下，后进国家可以直接选择和采用某些处于技术生命周期成熟前阶段的技术，以高新技术为起点，在某些领域、某些产业实施技术赶超。该模型研究了国与国之间为什么会发生技术领导权的转移，解释了落后国家超常规的发展和赶超先进国家的现象。他们还指出，企业追求短期利益会导致国家技术发展的"短视效应"，长期来看是不利的。因此，国家鼓励技术进步的产业政策是极重要的。

1995 年，罗伯特·巴罗（Robert J. Barro）和萨拉易马丁（Sala – i – martin）假定一国进行技术模仿的成本是该国过去已经模仿的技术种类占现有技术总数量比例的增函数，也就是说，一国过去模仿的技术越多，其继续实行技术模仿的相对成本就越高。1996 年，范艾肯（R. Van Elkan）在开放经济条件下建立了技术转移模仿和创新的一般均衡模型。他强调，经济欠发达国家可以通过技术的模仿、引进或创新，最终实现技术和经济水平的赶超，转向技术的自我创新阶段。

格申克龙的后发优势理论，首次从理论高度展示了在工业化进程中后发国家存在着相对于先进国家而言取得更高时效的可能性，以及赶上乃至超过先发国家的可能性。列维则强调了现代化进程中，后发国家在认识、技术借鉴、预测等方面所具有的后发优势。伯利兹、克鲁格曼等提出的"蛙跳模型"，指出后发国家具有技术性后发优势，并讨论了后发优势潜在与现实的问题。巴罗和萨拉易马丁以及范艾肯等人又从计量经济学的角度，验证了经济欠发达国家可以通过技术的模仿、引进或创新，最终实现技术和经济水平的赶超。后发优势理论为后发国家或地区的加速发展提供了理论依据，也为后发国家如何发挥政府政策作用提供了指引。

（四）产业竞争力的钻石理论模型

1990 年，哈佛商学院的迈克尔·波特（Michael Porter）在《国家竞争优势》一书中，提出了全球竞争的基本原则：要问的不再是为什么某个国家有竞争力，而是为什么某个国家在某个产业特别具有竞争力。进而提出了全新的产业竞争力研究框架，即钻石模型。该理论模型提出的竞争优势理论包含了比较优势原理，并大大超出了后者的解释范围。

波特认为，一国的特定产业是否具有国际竞争力主要取决于 6 个因素：生产要素、需求条件、相关产业和支持产业的表现、企业战略、结构和竞争对手、政府和机会，其中前四个是内生决定因素，相互之间具有双向作用，构成钻石模型的基本架构；后两个是外生决定因素，机会是可遇不可求的，政府政策的影响是不可漠视的。这些因素相互作用形成一个互动的体系，影响和决定着一个产业的竞争优势。

在产业竞争优势的形成过程中，政府的角色是正面还是负面，要看政府对 4 个内生要素的影响。政府可以通过研发、教育培训和金融市场等政策来创造和提升生产要素；政府对需求的影响既可以通过诸如制定竞争规范、产品标准等影响企业经营行为，政府本身也可以作为重要的市场客户；政府可以通过很多方式影响上下游和相关产业，如在形成产业集群方面，政府虽不能无中生有，但是可以采取措施强化它；政府还可以通过税制、反垄断法、资本市场规范等政策工具来影响企业的战略、结构和竞争者的状态。

波特认为，产业竞争和发展的核心角色是企业，而非政府，竞争优势的创造和提升最终要反映到企业身上，政府不应该参与到竞争的过程中去。政府即使拥有最优秀的公务员，他们也无从决定应该发展哪项产业、投资哪种技术，以及如何达到最适当的竞争优势。政府能做的只是提供企业所需要的资源，创造产业发展的环境，寻求干预和放任的平衡。例如，政府可以通过政府采购来刺激市场的抢先需求，扶持新兴产业和战略性产业的发展，但政府采购必须有严格的标准，扮演挑剔型的顾客（在美国，汽车安全法规就是从政府采购开始的）；采购程序要有利于竞争和创新。他强调，政府只有扮演好自己的角色，才能成为扩大钻石体系的力量，而不是阻碍。政府在产业发展中最重要的角色莫过于保证国内市场处于活跃的竞争状态。

波特的钻石模型为政府干预产业发展以及干预的方向、方式、程度和政策工具等提供了有效的理论分析工具。①

上述理论的综述和分析显示，在一个国家产业发展和技术进步的过程中，政府是能够也需要发挥作用的。但政府作用发挥的效果如何，取决于政府干预的目的、方式和程度等，而这又取决于该国所处的国际地位、发展水平、资源禀赋、制度环境等诸多因素。这些理论为我们研究产业技术创新支撑体系的政策提供了理论基础。

---

① 关于波特的钻石模型和政府政策作用，可参阅［美］迈克尔·波特著，李明轩、邱如美译：《国家竞争优势》，华夏出版社，2002 年，第 3、4、12 章。

二、产业技术创新支撑体系的政策结构模型

在产业技术创新支撑体系的"3＋1"功能结构模型中，政策和社会环境是支撑体系的基本构成之一，也是支撑体系建设和运行的重要保障。结合上面的理论考察和发达国家的政策实践，依据支撑体系"3＋1"基本框架，针对产业技术创新支撑体系的概念内涵和基本功能构成，将政策体系结构化，构建出在核心理念指导下，覆盖产业技术创新支撑体系的三大功能构成的政策结构模型（简称"1＋3"模型）（见图5－1）。

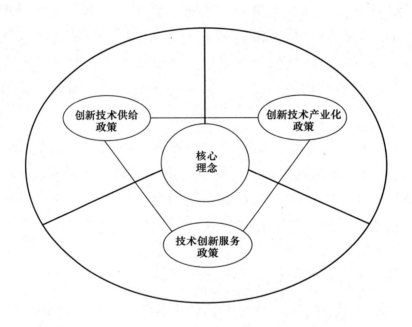

图5－1 产业技术创新支撑体系的"1＋3"政策结构模型

（一）核心理念

所谓核心理念，是指为了指导产业技术创新支撑体系的政策设计和制定，所需要的符合产业技术创新规律和特点的价值观和方法论。具体概括为：一

个目标、两个出发点和三个原则。

1. 一个目标：提升产业核心竞争力

产业核心竞争力是一个国家或区域某产业所特有的、不易模仿的，以知识、技术、创新为基本内核的，能够获得持续竞争优势的关键资源或要素的组合所形成的特殊能力。产业核心竞争力具体体现为一个国家或区域的某产业能够比其他国家或地区的同类产业以更有效的方式提供市场需要的产品和服务。产业核心竞争力关系到一个国家在国际产业分工体系中的地位，是国家竞争优势的重要体现，直接决定了一个国家在国际竞争中的主导权和话语权。

产业技术创新支撑体系以系统提升产业核心竞争力为目标，提升产业核心竞争力也就成为指导支撑体系政策构建的核心理念，需要贯穿和融于政策设计和制定的始终。

2. 两个出发点：立足于世情和国情

产业技术创新支撑体系建设要从世情、国情出发。政策设计既要对国际形势与发展态势有清晰的了解和认识，也要立足于本国的国情和特点。

（1）顺应世情：既有格局与未来格局。当今世界，发达国家主导的全球化产业分工格局已经形成。全球化给世界带来了深刻变化，尤其是贸易和金融的全球化导致国际产业分工基础发生深刻变化，全球化极大地影响着世界范围内生产要素的转移和创新资源的配置。在全球化的背景下，商品、服务、生产要素与信息跨国界流动的规模与形式不断增加，在世界市场范围内提高了资源配置效率，形成了发达国家主导下的全球产业分工格局，各国经济相互依赖程度日益加深。其中，跨国公司（尤其是发达国家的跨国公司）凭借技术和资本优势，成为经济全球化和产业发展的主导力量。既有格局是一个国家或地区产业技术创新的现实约束条件。

已有的全球产业分工格局正在面临新的挑战。新科技突破和新技术革命正在孕育，将对全球产业发展产生重大影响。信息技术和制造业的融合，加上新材料、新能源、生物技术等多领域的突破，有可能引发新一轮的产业变革。特别是智能制造、移动互联网、大数据等领域的突破和广泛应用，不断推动制造业向网络化、智能化、定制化、绿色化和服务化转型。同时，商业模式创新也成为技术创新成果商业化的加速器。制造业互联网化和新能源可能引发第三次工业革命和新经济模式的出现。新的趋势推动着全球产业分工体系的重构，为后发国家或地区打破发达国家或地区主导全球产业分工体系的既有格局，形成新的分工格局提供了可能性。

因此，无论发达国家或地区，还是后发国家或地区，都面临着新的机遇和重大挑战。发达国家或地区需要考虑如何凭借先发优势和既有地位，在新一轮的技术革命和产业变革中继续保持领先。而后发国家或地区则需要考虑如何利用后发优势，抓住全球化和技术范式变革带来的机遇，加快追赶甚至弯道超车，在未来的全球分工格局中占据更有利的位置。

（2）立足国情：问题与挑战。在全球化背景下，一个国家的产业技术创新支撑体系是在全球化的市场环境下来构建形成的，尤其对于一些发展中国家而言，工业化和产业发展面临的国际环境与许多发达国家工业化起步时有很大差异。因此，需要结合全球化的世情，充分考虑本国的国情和特点，努力在全球化背景下形成自身的产业发展优势和技术基础。

首先，充分考虑国家规模。大国和小国对产业发展的要求不同，大国要求产业的独立和均衡发展，尤其是涉及国计民生的重要产业不能完全依赖于他国，必须培育独立发展能力，形成开放但自主的产业技术创新体系。大国存在着绝对或相对的资源优势与巨大或潜在的市场需求，为产业发展和技术进步提供较大的空间。历次工业革命的"领头羊"国家都拥有或掌控当时全球最大规模的市场或重要资源供应，就充分证明这一规律。因此，大国和小国关于产业发展及其技术创新的目标和路径有很大差异，相应的政策设计也明显不同。像爱尔兰、新加坡这些小国通过大量引入外国直接投资（FDI），促进产业技术进步和结构升级，实现经济快速增长的政策，大国一般是不易照搬的。

其次，考虑国家的发展阶段。发达国家是以往工业革命的获益者，是产业技术创新的引领者，无论是知识积累、技术水平、资源获取能力等方面，都占有明显的先发优势。当然也存在由于路径依赖，可能影响其对新技术突破和新商业模式的接受和吸纳。相比先发国家，后发国家的优势与劣势并存。后发国家通过学习，不仅可以避免走弯路、走错路，还可以采用发达国家已有的先进技术和管理经验，取得发达国家必须在一定的制度下才能取得的成就，实现快速发展和能力提高，甚至抓住技术范式的变革来实现弯道超车。但后发国家往往因为可以在短期内通过技术模仿获得较快的发展，也会因而忽视制度建设，从而给长期发展留下许多隐患，导致所谓的后发劣势或"对后来者的诅咒"（Curse to the Late Comer）。① 这就要求发达国家在政策设计中更多地考虑如何更好地发挥先发优势，避免对现有技术路径的过分依赖和锁定；后发国家在政策设计中不仅要考虑技术因素，还要充分考虑制度因素。

最后，考虑国家特定时期所肩负的特殊使命。前面考察典型国家的工业化发展历程显示，各个国家在特定时期面临的特殊使命，会对其产业技术创新支撑体系及政策设计产生较大影响。例如，第二次世界大战对美国产业技术创新的组织结构、运行模式和政策环境等产生了深刻影响，德国、日本在"二战"后也进行了很大的组织和制度调整，还有冷战对苏联的深刻影响等。以中国为例，作为后发国家，当前发展面临的主要任务是实现双重转型，即从计划经济体制向市场经济体制转型和从传统的工业化向新型工业化转型。一方面，中国总体上仍处在工业化的中后期，工业化尚未彻底完成，知识、技术、资本、人才等的积累严重不足，亟须在继续推进工业化的同时，加强工业化基础的补课任务。而且还面临着工业化和信息化的融合所带来的新型工业化的任务。另一方面，尽管已经明确了发挥市场在资源配置中的决定性作用，但市场化改革过程仍存在一些不确定性，尤其是政府与市场的边界，这都将对产业技术创新产生重要影响，也需要在政策设计上做出一些应对。

3. 三个原则：遵循市场、产业和技术创新规律

除了需要充分考虑世情和国情，产业技术创新支撑体系的政策设计和制定需要遵循一些基本原则。

（1）尊重产业技术创新规律。产业技术创新不同于单个企业的技术创新，它更强调技术集成，注重围绕产业链形成技术创新链，必须充分考虑不同类型产业的产业链特点，考虑不同类型产业技术创新规律的差异。以快产业与慢产业的差异为例，快产业的特点是技术更新速度快，常常出现颠覆性技术，导致产业技术范式的重大转换；慢产业的特点是技术变化相对缓慢，以渐进式技术创新为主，需要持续的技术和经验积累。另外，传统产业和新兴产业、流程型产业和离散型产业等的技术创新特点都有明显不同，不同类型产业技术创新规律需要相应的政策应对。

需要强调，当前信息技术日益广泛地运用到工业领域中，制造技术与信

---

① 后发劣势的概念来自美国经济学家沃森所说的"后来者的诅咒"。华裔经济学家杨小凯发展了这个概念，并通过英国与法国、苏联、南北美洲发展的对比，清朝洋务运动和日本明治维新的对比，及我国的家电行业、电子商务、股票和期货市场等诸多现实例证，指出后发国家避免后发劣势的必要性和路径。

息技术的深度融合将导致许多产业的技术范式和商业模式发生深刻变化，甚至导致新的工业革命，在政策设计上也需要对这些新的产业发展趋势和特点给予积极关注。

（2）尊重产业发展规律。不同类型的产业，如支柱性产业、基础性产业和战略性新兴产业；产业的不同生命周期，如初始、成长、成熟、衰退等阶段；产业不同市场竞争状态，如完全竞争、垄断竞争、高度垄断等，都会呈现出不同的特征、有不同的发展目标和不同的政策需求。需要依据产业的特点和发展规律，有针对性地进行政策设计和细化，采用不同的政策工具和政策实施路径。

（3）尊重市场规律。在产业技术创新支撑体系建设中，政府管控和市场调节的比例及结合方式不同，在不同国家、不同发展阶段和不同类型产业都是有很大差异的。在政策设计、制定和执行中，要考虑充分发挥市场在资源配置中的决定性作用。尤其在后发国家，由于处于不利竞争位置，加上市场机制不完善，政府通常希望通过积极干预，运用产业政策和创新政策等引导和扶持产业培育和技术发展，以实现追赶甚至赶超的目标。但支持方式和程度一定要注意发挥市场机制作用，尽量运用市场手段。例如，面对许多新兴产业的发展，发达国家都没有经验，无论是产业发展方向、发展潜力还是技术路线等都存在许多不确定性，如果在其培育和发展中政府过度地进行干预，往往会给产业发展带来不利影响，导致社会创新资源的错配。应尽量减少政府干预，发挥市场在产业发展、技术路径选择等方面的作用。中国的光伏产业近年发展所遇到的挫折就是一个典型案例，从一定意义上来说，与政府的过度干预有密切关系。

（二）政策指向

在产业技术创新支撑体系的政策结构模型中，由于支撑体系的三个基本构成（创新技术供给、创新技术产业化、技术创新服务）的功能定位不同，面向这三个基本功能构成的政策目的、实施主体和政策工具等存在着明显差异，由此形成产业技术创新支撑体系的三个政策指向。

1. 指向创新技术供给

（1）政策目的。此类政策的核心目标是激励产业创新技术的供给，激励不同源头、不同途径、不同方式增加产业创新技术的供给。主要包括：

1）基础研究与应用研究成果的获取与开发。基础研究是对新知识、新理论、新原理的探索，其成果不但能丰富科学理论，提高应用研究的基础水平，而且对于技术开发、应用和生产具有不可估量的作用。应用研究是把基础研究发现的新知识、新理论用于特定目标的研究，是基础研究与技术开发之间的桥梁。技术开发是把应用研究的成果直接用于生产实践的研究。基础研究和应用研究成果的获取与开发是产业技术创新的原动力和原始供给源。

2）跨领域的技术开发与集成。当前产业技术创新的许多问题的复杂性已不是单一领域能够解决的，必须通过跨领域思维碰撞来发现并凝练新的思想，探索全新的解决方法和方案。跨领域的技术开发与集成已经成为产业技术创新的重要生长点，如3D打印、智能制造等，就需要依托信息技术、精密机械和材料科学等多个学科领域的尖端技术。

3）注重围绕产业链中关键技术的开发与技术集成，形成技术创新链。产业链是价值链、供应链和产品链的统一体。价值链是指产品增值各个环节所构成的有机整体，通常包括从研发、设计、中试、零部件、组装、销售到售后服务的完整体系。供应链是指产品由原材料到用户消费品的生产销售过程，是生产和服务性企业的集合。产品链也称为生产链，是指按照生产和技术联系形成的上、中、下游产品之间的链接关系。要注重产业链的各个环节上关键技术的开发与集成，着力构建技术创新链，才能整体地推进产业技术创新。

（2）实施主体。创新技术供给政策指向的主体包括大企业、中小企业、高校、科研机构、协同创新组织等。在不同类型或不同发展阶段的产业中，不同主体扮演的角色不同，政策指向的侧重点不同。如在垄断或垄断竞争的传统产业中，大企业在创新技术供给方面可能发挥更大的作用；而在许多新兴产业中，中小企业可能扮演着创新技术供给的重要角色。高校、公共科研机构等在许多产业的共性技术供给，尤其是源自基础研究和应用研究的产业创新技术供给方面，发挥着不可替代的作用。针对不同的主体，政策侧重点是不同的。

（3）政策工具。与企业层面的研究开发相比，产业创新技术供给具有更多的外部性特点，其技术溢出可能推动产业整体技术水平的提升，使产业内众多企业普遍获益。因此，产业创新技术供给可能需要政府给予更多支持，但是政府的支持要尽量采取市场化方式，运用市场化的政策工具，要考虑面向不同类型主体所给予支持的差异性，同时要把握适当的支持力度。相比发达国家，后发国家由于基础薄弱和积累不足，更需要政府的干预和支持，才有可能实现快速的追赶或超越，但是在资源配置和支持方式上要注重遵循市场规律，避免政府不适当的干预，尤其是要尽量避免采用行政干预手段。例如，在美国等发达国家经常运用政府采购或国防采购的方式，购买产业或企业的技术创新成果，尤其是新技术和新产品，政府或军方在其中扮演着市场买方的角色；而我国政府更经常运用科技计划项目方式直接支持产业或企业的研发活动，政府扮演着指挥者或资助者的角色。

2. 指向创新技术产业化

（1）政策目的。创新技术产业化主要是通过企业实现的。此类政策的核心目标是提高企业承接产业创新技术并进行商业化开发实现市场价值的能力。它主要包括两个方面：一是提高企业承接产业创新技术并实现工程化、商业化的能力；二是推动企业运用产业创新技术加强个性化的新产品开发并实现市场价值。

（2）实施主体。创新技术产业化政策指向的主体主要包括大企业、中小企业、科技型创业企业等。要充分考虑面向不同类型主体的政策侧重点，如针对大企业重点是加强研发机构和技术创新体系建设，增强其研发能力；面向中小企业重点是加强公共技术研发平台建设，降低企业研发和产业化的成本；针对科技型创业企业重点是营造创新创业的良好条件和环境，如通过优化科技成果转化政策激励科技人员的创新创业积极性。

（3）政策工具。在创新技术产业化方面，关键是要充分发挥市场机制的作用。产业化的结果是市场价值的最终实现和分配，涉及不同市场主体的利益，因而政府的干预要特别谨慎，要运用市场化手段引导企业提高承接产业创新技术并实现工程化的能力，鼓励企业运用产业创新技术加强个性化的产品开发。经常采用的政策工具如对创新产品的政府采购、鼓励首台（套）装备购买、促进技术转移和成果转化、培育创新产品的市场应用体系等。

3. 指向技术创新服务

（1）政策目的。此类政策的核心目标是为产业技术创新提供设施条件和服务支撑，降低创新综合成本，提高创新整体效率。重点是围绕产业技术创新链的构建，为创新技术供给和产业化提供包括试验、测试和检测、信息、文献、专利、技术转移、技术评估、技术交易、投融资等方面的条件设施及服务。

（2）实施主体。技术创新服务政策指向的主体主要包括：一是各类中介服务机构，包括政府所属的事业单位、第三方非营利性机构、市场化的中介服务机构等，主要是提供试验、测试和检测、专利服务、信息咨询、技术转移、技术交易等。二是行业协会、学会等，主要面向行业提供信息、技术、标准、人才培训等技术创新服务。三是金融服务机构，主要包括风险投资机构、科技金融机构等。四是创业孵化机构，包括各类创业服务中心、大学科技园、孵化器、创客空间等。

（3）政策工具。技术创新服务的外部性特点突出，是公共政策在促进产业技术创新中发挥作用的主要着力点。政府可以通过购买服务、支持公共服务平台建设、制定标准等多种方式，并引导全社会力量，来提供技术创新服务，改进技术创新的条件和环境。一方面，将技术创新服务作为公共服务的主要内容，如支持建立检测、检验等第三方机构，以满足公平公正的要求。支持高校、科研机构等面向产业提供技术、人才、信息、咨询等服务。另一方面，采取市场化手段，鼓励建立专业化、市场运作的中介服务机构，引导有条件的企业面向产业提供技术创新服务。例如，政府向社会力量购买服务，把政府直接向社会公众提供的一部分公共服务事项，按照一定的方式和程序，交由具备条件的社会力量承担，并由政府根据服务数量和质量向其支付费用。

4. 小结

上述三个政策指向构成了支撑体系政策构建的主要内容，在具体政策设计和制定过程中，在充分考虑三个政策指向差异化的同时，也要注意以下几点：

（1）三个政策指向都应当以市场化为基础，但是具体到不同指向，根据其特点和性质，政策支持方式和强弱程度应有所区别。通常在产业创新技术供给和技术创新服务两个方面，由于有相对较强的外部性，往往需要更多的政策支持；在创新技术产业化方面，要更多地考虑发挥市场的作用，更多地运用一些间接扶持政策。

（2）三个政策指向是基于产业技术创新支撑体系三个基本功能构成的划分，具体的政策不是截然分开的，而是互相交叉、相互协调、相互补充的，其中也必然与大的市场和社会环境相融合。

（3）政策环境与社会氛围是互为因果的关系。政策环境营造是手段，最终目的是为了有利于形成产业技术创新支撑体系建设和运行的良好社会氛围，良好的社会氛围也有利于政策的优化和有效实施。

（4）政策体系是由不同层面（国家、部门和地方）、不同类型的政策构成的，这些不同层面、不同类型的政策需要相互配合、补充，避免相互冲突、抵消，以发挥出政策的整体功效。

三、产业技术创新支撑体系的政策设计

依据产业技术创新支撑体系"1 + 3"的政策结构模型，下面重点分析产业技术创新支撑体系的政策设计思路和基本内容。

（一）设计思路

1. 围绕核心理念

产业技术创新支撑体系的政策要紧紧围绕着核心理念来设计。具体就是政策设计应以提高产业核心竞争力为目标，立足于世情和国情，遵循市场、产业和技术创新规律。这是政策设计的指导思想，必须贯彻到政策设计的全过程。

2. 体现产学研结合

产学研结合是推动产业技术创新的重要方式，始终贯穿支撑体系的三个基本功能构成，产业技术创新支撑体系的政策要充分体现促进产学研结合，政策设计要充分考虑到不同的历史发展时期、不同产业发展阶段的产学研结合方式的变化，考虑到三个基本功能构成中的产学研结合的不同特点，将促进产学研结合作为政策设计的重点。

3. 着力三个政策指向

产业技术创新支撑体系的三个基本功能构成的政策需求有明显差异性，支撑体系的政策设计重点要考虑三个政策指向的差异，考虑到三个政策指向的目的、主体和工具的差异，并结合具体产业特点加以细化。通过政策推动三个基本功能构成的作用发挥和完善。这是政策设计的着眼点和落脚点。

（二）基本内容

按照上述思路，产业技术创新支撑体系的政策可以从战略规划、创新组织、创新投入和创新人才等方面来设计。

1. 围绕核心理念的系统谋划：战略、规划和协同

明确产业技术创新战略。依据国家总体发展战略和产业现状，对某产业在国民经济发展中的地位进行准确定位。进而根据该产业的特点和规律，研究确定产业技术创新战略，包括产业技术发展目标、方向、路线等。

制定产业技术创新规划。依据产业的战略定位，结合产业技术创新特点和规律，研究制定促进产业技术创新规划。在规划研究和制定过程中，应充分反映产业界的技术创新需求，争取产业界的积极参与。

在研究确定战略、制定规划及具体政策设计上，应遵循市场经济规律，发挥官、产、学、研、用的协同作用。以避免政出多门、政策打架、政策难以落实等问题。

2. 创新技术供给政策

创新技术供给政策主要包括鼓励各类研发组织建设、激励研发投入、加强研发人才等。

（1）研发组织建设。主要包括企业研发机构、高校和公共科研机构、协同创新组织等。

1）企业研发机构。自 1775 年法国化学家拉瓦锡（Antoine – Laurent de Lavoisier）在炮兵工厂设立了世界上已知最早的正规的实验室以来，19 世纪有一批德国、美国的企业设立了专门的研发机构，如默克、克虏伯、巴斯夫、西门子、拜耳、美国电报电话公司（AT&T）、通用电气等。到 20 世纪，内部研发机构已经成为大企业的标配，使企业在产业创新技术供给方面扮演着越来越重要的角色。企业研发机构根据产业性质和产业发展阶段，或者以技术开发为主、或者是以基础研究和应用研究为主。如美国贝尔实验室，既有基础研究、应用研究，又做技术开发和产品开发，R（研究）和 D（开发）的比例是 1∶10；微软研究院则基本上只做纯基础研究。从产业创新技术供给看，应重点将培育具备较强研发能力，可以参与产业技术开发的大企业作为创新技术供给政策的重要着力点。积极鼓励大企业研发机构开展应用研究甚至基础研究。尤其是处在高度垄断或垄断竞争中的产业，大企业更应该承担起产

业创新技术供给的责任。

2）高校。主要以研究型大学为主，研究型大学最早当属发轫于 1810 年成立的德国柏林大学，它开创了大学研究与教学相结合的先河；之后美国 1876 年创建的约翰·霍普金斯大学成为现代意义上研究型大学诞生的里程碑，经过 100 多年的发展，全世界已经有几百所研究型大学。研究型大学以创新性的知识传播、生产和应用为中心，以产出高水平的科研成果和培养高层次精英人才为目标，在促进经济发展和产业科技进步中发挥着重要作用。通常高校以基础研究为主，也从事一些应用研究和技术开发。尤其是随着科技发展，在很多领域从基础研究到应用研究再到技术开发的过程日益缩短，高校在产业创新技术供给方面的作用更重要。这类主体的支持政策主要是围绕着促进技术转移、技术成果的转化和商业化等。

3）公共科研机构。主要指产业领域内从事共性技术研发的独立科研机构，如中国行业科研院所、美国的国家实验室、德国弗朗霍夫协会所属的研究所以及许多民间的非营利性科研机构等。这类机构在提供产业共性技术和关键技术方面扮演着重要角色，尤其是在涉及国家安全、社会发展、公共健康等的产业中作用日益显著。对这类主体的支持政策主要包括固定经费支持、项目经费资助、改善科研设施条件和人才培养等。

4）专业技术公司和研发企业。主要指以研究开发和技术服务为主业的专业化公司，如有色金属领域的奥图泰技术公司（芬兰）、石油化工领域的斯伦贝谢公司、医药行业的许多研发外包企业等。奥图泰技术公司是全球矿物加工和金属生产以及相关行业的技术先导企业，员工总数超过 3000 人，其服务涵盖从选矿到金属生产的整个产业链，公司拥有的多项技术被欧盟评为"现有最佳技术"。2010 年 4 月，奥图泰公司的业务重组为四个领域：有色金属解决方案，包括与铜、镍、锌、铅、金、银和铂以及工业矿物冶炼相关的业务；黑色金属解决方案，包括与铁、钢和铁合金以及钛冶炼相关的业务；能源、轻金属和环保解决方案，包括硫酸工厂、尾气、氧化铝、铝和轻金属工艺、热回收系统、焦炭、生物能、油页岩和砂以及工业废水的应用；服务，侧重在全球发展服务业务，为客户提供终生服务。对这类主体的支持主要是采取税收优惠、政府采购等间接支持方式。

5）协同创新组织。主要指产学研用协同创新组织，如产学研共建的联合研发机构，从事产业共性技术开发的产业技术创新战略联盟等。对这类主体的支持政策主要包括政府采购、科研项目委托、合同研发、标准研发等。

此外，还有依托上述组织建设的各类创新平台。如中国依托高校、科研院所和企业建立的国家重点实验室、国家工程实验室等。

（2）研发投入。持续、稳定的投入是保障创新技术供给的必要条件，这既包括政府的投入，也包括政府通过政策引导社会投入。

政府的研发投入政策包括直接和间接两种方式。直接方式主要指通过科技计划项目、政府采购等方式直接给各类产业创新技术供给主体以财政经费资助。例如，美国通过研发合同、政府采购等方式支持航天航空、信息技术、生物医药等高技术产业的发展。

间接方式主要指通过税收减免等方式鼓励和引导各类产业创新技术供给主体或其他社会组织加大对研发的投资，如企业研发经费支出所得税税前加计抵扣政策等。

（3）研发人才。大量高水平的研发人才是产业创新技术供给的最主要的源泉。研发人才主要是通过自身培养和外部引进等方式。对后发国家来说，在完善研发人才培养体制的同时，引进海外研发人才也是较短时间改善研发状况的重要途径。例如，日本、韩国等在20世纪70年代经济起飞时期，都采取各种政策大力吸引海外优秀研发人才。中国近些年也通过"千人计划"等政策吸引大批海外留学人员回国创新创业。

3. 创新技术产业化政策

创新技术产业化政策主要包括提高各类产业化组织的能力、鼓励产业化人才培养、鼓励科技型创业等。

（1）产业化组织。主要包括企业和工程化服务机构。企业是创新技术产业化的最终实现者。创新技术产业化政策首要的是支持企业加强内部研发机构和技术创新体系建设，提高企业承接产业创新技术并实现工程化、商业化的能力，提高企业开发新产品、新工艺以及应用新技术的能力。

工程化服务机构也在创新技术产业化中发挥着重要作用。主要包括以下两类：一是面向行业的公共工程化服务机构，如中国依托高校、科研院所和企业建立的工程（技术）研究中心，为行业提供产业技术工程化服务；二是市场化的工程技术公司，如美国凯洛格（KBR）、斯伦贝谢等专门从事石油化工领域产业技术工程化的专业公司。斯伦贝谢是一家为客户提供实时的油气田综合服务和解决方案的技术服务公司，公司员工超过13万人，在全球100

多个国家有经营活动。经过 80 多年的发展和扩张，从 1926 年创办时的一家单一的勘测公司成长为业务涵盖测井、钻井、固井、综合钻井、综合地震、油藏管理和综合项目管理领域的全球性的综合油田服务公司，为油气行业提供最先进的地质勘探数据收集、处理、解释、分析方法，能够以强大的技术实力和充足的数据资源，提供实时的分析工具和综合勘探生产解决方案。

（2）产业化人才。创新技术产业化对人才素质有较高要求，产业化人才主要包括企业家、工程师和技师等。

企业家是创新技术产业化的机会发现者、决策者和创新资源组织者，也是创新风险的主要承担者，是创新技术产业化不可替代的。

工程师作为重要工程人才，是实现创新技术产业化的重要力量。工程人才分布在产业化的前、中、后端。前端的工程人才，即售前工程师，包括企业里通常称谓的产品经理、技术支援工程师、方案设计工程师等，其责任是方案营销（包括技术需求了解、技术牵引、方案设计、技术交流等）。中端的工程人才，即通常所说的研发工程师，他们既懂技术又懂市场，如华为的研发工程师大多是经历了市场锻炼。后端的工程人才，包括工程项目经理、技术服务工程师等。除了传统的技术服务以外，他们还要承担更重要、更贴近客户的职责，包括项目利润策划、服务产品设计与营销、通过对客户需求的深入了解驱动研发等。

技师和技术工人是实现创新技术产业化的基础力量。能否拥有一大批高素质的技师和技术工人，是衡量产业技术创新和工业化水平的重要指标。例如，德国通过职业技术教育系统源源不断地培养出高水平的技师和技术工人，是德国制造享誉世界的基本保障。

（3）科技人员和大学生的科技型创业。鼓励和激励科技人员和大学生的科技型创业，是实现创新技术产业化的重要途径。尤其在许多新兴产业领域，科技型创业直接推动产业技术方向和技术路线的探索、推动产业成型壮大。斯坦福大学就是这类科技型创业的典范，直接催生了全球高技术产业的圣地——硅谷。

4. 技术创新服务政策

技术创新服务政策涉及知识、技术、资本、信息、创新载体等多个方面，涵盖技术创新活动的各个环节，包括研发设计、技术转移、创业、科技金融、科技人才、咨询和信息等服务。

（1）服务机构。主要包括从事知识产权、信息服务、试验、检测与检验、技术咨询、技术转移和交易服务、创业孵化等各类社会化技术创新服务机构。政策重点是引导和推动这些机构的发展，加强其服务能力和基础条件建设，形成和完善社会化的技术创新服务体系，为提高产业技术创新提供有力支持。

（2）服务人才。技术创新服务需要一支专业化的人才队伍，技术创新服务人才应当是应用型和复合型专门人才，既要了解相应领域的技术发展及其趋势，又要具备如文献信息、知识产权、产业与科技政策等与产业发展相关的专业知识，同时还要求具备相当的市场和管理知识。政策重点是加强相关人才的教育培训体系建设。

（3）公共技术创新服务平台。建设各类公共技术创新服务平台，促进创新资源共享，提供综合服务。政策重点是引导和吸引社会力量共同搭建面向企业的创新服务平台，解决信息不对称问题，使企业以较低成本获得高质量的创新服务和支持。

（4）服务投入。加大对技术创新服务的投入需要发展多元主体，如政府、企业、社会组织和个人等。政府既可以直接投入公益性技术创新服务机构或平台的建设，也可以通过购买服务等方式推动建立多元创新服务投入机制，服务于中小型创新主体。

上述政策设计思路和基本内容是围绕着产业技术创新的共性特点展开的，可以作为政策设计和制定的一般指导。具体到某个产业，需要依据产业的不同类型、不同生命周期和不同市场结构进行差异化设计。

四、产业特征与政策选择

下面从产业类型、产业生命周期、产业市场结构等特征出发，分析产业特征对政策选择的影响，以期为产业技术创新支撑体系的政策目标与着力点设计提供参考。

（一）产业类型

按照产业在国民经济中的地位和作用的不同，可以将产业分为不同类型，并针对不同类型产业分析其政策选择。下面按基础性产业、支柱性产业和战略性新兴产业三种类型分别进行分析。

1. 基础性产业

（1）产业特点。基础性产业是指在整个产业体系中为其他产业的发展提供基本条件和中间产品，并为大多数产业提供支撑的产业。基础性产业在国民经济发展中处于基础地位，在产业链中居于"上游"环节，对其他产业的发展起着制约和决定作用，决定着其他产业的发展水平。如本研究涉及的集成电路装备、重型装备、数控机床等产业。

这类产业是大国科技和大国产业不可或缺的组成部分，它的产品通常成为后续产业部门加工、再加工及生产过程中不可或缺的投入品或消耗品。基础设施是国民经济和社会生活的"共同条件"，而基础性产业的产品是其他生产部门所必需的投入品，因而基础性产业是支撑社会经济运行和产业整体发展的基础，决定和反映着国民经济活动的发展方向与运行质量。

（2）政策目标。基础性产业的投入产出特点决定了其垄断竞争和管制的必要性。西方发达国家对部分基础性产业的核心技术，往往由国家进行较强的管制甚至是技术封锁，该类产业的核心技术难以通过市场自由购买获得。例如，高端数控机床就是典型的基础性产业，许多国家对高端数控机床出口采取审查或限制政策。该类产业的技术创新支撑体系建设应以提高自主研发、设计、制造能力为目标。

（3）政策着力点。对于基础性产业的技术创新支撑体系建设，政府可以发挥积极作用。在创新技术供给方面，通过支持共性技术研发机构建设提高企业和全社会的创新能力；推动产学研结合和产业部门之间的合作和联合攻关，通过税收、金融等政策支持鼓励技术集成和融合；促进产业创新人才的培养，增加产业人才储备。在创新技术产业化方面，可以采取政府采购、培育创新产品的市场应用体系、稳定市场等政策工具。

2. 支柱性产业

（1）产业特点。支柱性产业是指产业市场规模巨大、产业链较长、与其他产业关联度较高、对国民经济的带动作用较大的产业。由于支柱性产业占整个产业体系的总产出的比例较大，是一国财政收入的主要来源，对国民经济增长和发展发挥着举足轻重的作用。支柱性产业具有较强的连锁效应，并诱导新产业崛起；对为其提供生产资料的各部门、所处地区的经济结构和发展变化，有深刻而广泛的影响。

当然，处于成熟期的支柱性产业，其地位也不是固定不变的，随着产业结构的演进，新兴产业逐渐进入成熟期而发展成为新的支柱性产业，而原有的支柱性产业会逐渐进入衰退期而失去支柱的地位。

由于支柱性产业及其作用受特定的资源、制度和历史文化的约束，因此不同国家或同一个国家不同的经济发展阶段的支柱性产业也是不一样的，它会受所依赖的资源、体制、环境等因素的变化而演替。例如，日本的支柱性产业演替顺序是：纺织工业→钢铁、机械、化学工业→汽车、家电工业→电子工业等高技术产业。

（2）政策目标。在支柱性产业中，政策应当关注技术扩散和渐进性创新，使整个产业处于协调联动过程中。由于支柱性产业往往是国际竞争中最激烈的，同时也是国家核心竞争力的体现。因此，政策目标应定位于提高支柱性产业的国际竞争力，培育和发展具有国际竞争力的跨国公司，形成产业持续创新能力。

（3）政策着力点。对支柱性产业的政策扶持需要全方位统筹安排。在创新技术供给方面，重点是支持增强大企业研发能力，加强创新人才储备，鼓励技术集成和融合，鼓励产学研协同创新。在创新技术产业化方面，提升企业承接产业技术能力，提高企业开发新产品的能力。对核心与关键技术部门设立技术保护壁垒，适当加大政府采购力度。在技术创新服务方面，鼓励和支持社会化服务机构或平台建设，提高服务的质量和效率。

3. 战略性新兴产业

（1）产业特点。战略性新兴产业是指那些代表着当今世界科学技术发展的前沿和方向，具有广大的市场前景、经济技术效益和产业带动效用，并且关系到经济社会发展全局和国家安全的新兴产业。战略性新兴产业以重大技术突破和重大发展需求为基础，知识技术密集、物质资源消耗少、成长潜力大、综合效益好，对经济社会全局和长远发展具有重大引领带动作用。

战略性新兴产业是新兴科技和新兴产业的深度结合，它同时还需要满足以下要求：一是产品有稳定并有发展前景的市场需求；二是有良好的经济技术效益；三是能带动一批产业的兴起。

从技术创新角度看，战略性新兴产业具有以下特点：一是技术的前沿性和不确定性。战略性新兴产业所采用的技术属于科技发展的前沿，这也意味着其技术正处于研究发展阶段，无论是技术方向、技术路线等都尚未完全成熟，具有技术和市场的不确定性。二是战略性。战略性新兴产业，由于其代表着经济发展的方向和科学研究的前沿并且极具产业带动效应、与国防安全联系密切，所以它的发展事关国家社会经济全局和国家安全，具有极大的战略价值。尤其对后发国家来说，有可能成为弯道超车的重要机会。三是初始成本高同时效益高。战略性新兴产业在初始阶段通常采取小规模生产、对科研高要求等，使其面临较高成本和较大风险。战略性新兴产业具有极高的科技准入门槛，掌握技术专利的企业属于相对少数，而随着其技术方向和路线逐步确定，具有广阔的市场需求，使该类产业具有高收益性。

（2）政策目标。国际金融危机爆发后，发展战略性新兴产业成为世界各国政策的焦点。战略性新兴产业技术创新支撑体系的建设在发挥市场作用的同时，也可以充分发挥政府的作用，加强战略研究和顶层设计，率先进行研发力量布局，加强技术和人才积累，抢占产业技术制高点。

（3）政策着力点。对战略性新兴产业技术创新支撑体系的政策应当统筹设计，在创新技术供给方面，加强对基础研究和前沿技术研究的支持，加强研发力量布局，鼓励社会各界和企业的投入，加快产业创新人才培养；在创新技术产业化方面，通过政府采购、必要的财政补贴等积极培育创新产品的市场应用体系，大力鼓励科技型中小企业的创新创业；在技术创新服务方面，加强技术标准、信息、投融资、知识产权等服务。

（二）产业生命周期

产业生命周期理论是在产品生命周期理论基础上发展而来的。产业生命周期是每个产业都要经历的从成长到衰退的演变过程，是指从产业出现到完全退出社会经济活动所经历的时间。一般分为初始阶段、成长阶段、成熟阶段和衰退阶段 4 个阶段。识别产业生命周期所处阶段的主要标志有：市场增长率、需求增长潜力、产品品种多少、竞争者多少、市场占有率状况、进入壁垒、技术创新以及用户购买行为等。随着产业发展提升以及新技术的推广应用，技术进步使得不同产业生命周期呈现出不同的特点。在不同的生命周期中的产业发展对技术进步以及技术创新支撑体系政策的需求也不尽相同。

1. 初始阶段

（1）产业特点。市场处于培育阶段，市场增长率较高，需求增长较快，技术变动较大，产业中的企业主要致力于开辟新用户、占领市场，但此时技术上有很大的不确定性，在产品、市场、服务等策略上有很大的不确定性，对行业特点、行业竞争状况、用户特点等方面的信息掌握不多，企业进入壁垒较低。在初始阶段后期，随着产业生产技术的提高、生产成本的降低和市场需求的扩大，新行业便逐步由高风险低收益的初始期转向高风险高收益的成长期。

（2）政策目标。由于初始期的产业技术创新大多数活动属于探索性的，技术不确定与市场的不确定对产业发展影响很大。因此，政策设计应聚集于鼓励技术研发和技术路线的探索，以尽快明确产业的技术方向和路径；积极培育和拓展新产品的应用市场，促进新产业的迅速成长，促进新兴业态的形成。

（3）政策着力点。在创新技术供给方面，重点是大力支持基础性、前瞻性研究，鼓励产学研的合作，支持科技成果转化和技术扩散；利用财税政策鼓励科技创业，引导和支持风险投资发展，加强专业人才和技术人才的培养等。在创新技术产业化方面，通过政府采购等方式，积极培育市场，构建产业链，促进新兴产业的迅速壮大。在技术创新服务方面，加强面向中小企业的技术创新服务平台建设，加强技术标准研发以及信息情报、知识产权等服务。

2. 成长阶段

（1）产业特点。市场处于快速拓展的阶段，拥有一定技术积累、市场营销能力和财务力量的企业逐渐主导市场，新产品市场需求开始上升，新产业也随之繁荣壮大起来。与市场需求变化相适应，由于市场前景良好，投资于新产业的企业大量增加，产品也逐步从单一、低质、高价向多样、优质和低价方向发展，这种状况的继续将导致企业随着市场竞争的不断发展和产品产量的不断增加，市场的需求日趋饱和。企业不能单纯地依靠扩大生产量，提高市场份额来增加收入，需要提高生产技术、降低成本以及加强研发的方式获得竞争优势。这一时期的特点是市场增长率很高，需求高速增长，技术渐趋定型，产业特点、产业竞争状况及用户特点已比较明朗，企业进入壁垒提高，产品品种及竞争者数量增多。在成长阶段，虽然行业仍在增长，但这时的增长具有可测性。由于受不确定因素的影响较少，产业的波动也较小，投资者蒙受经营失败而导致投资损失的可能性大大降低。

（2）政策目标。对于处于成长期的产业，应当营造良好的政策环境和公平的竞争环境，充分调动市场力量促进产业的发展。支持企业提高承接产业创新技术并实现工程化、商业化的能力，提高企业新产品、工艺和技术的开发能力，鼓励技术成果的转化和商品化。鼓励探索新的商业模式。

（3）政策着力点。重点是支持企业研发机构建设，鼓励产学研的合作研发，促使产业链及技术创新链的构建和完善；鼓励创新人才培养；进一步完善技术创新服务体系。

3. 成熟阶段

（1）产业特点。产业的成熟阶段是一个相对较长的时期。市场增长率不高，需求增长减缓，技术已经成熟，行业特点、行业竞争状况及用户特点非常清楚和稳定，买方市场形成，产业盈利能力下降，新产品和产品新用途开发更为困难，产业进入壁垒显著提高。但由于技术创新的原因，产业中的某些细分领域或许实际上会有新的增长。在产业成熟阶段的后期，产业发展速度逐步下降，市场增长持续下降。在某些情况下，整个产业的增长可能会完全停止，其产出甚至下降。

（2）政策目标。成熟期的产业兼有稳定性和未来风险性。政策重点以提升产业技术持续创新能力为目标，引导产业完善技术创新链；引导和推动企业加强产品技术的差异化开发。

（3）政策着力点。重点放在创新技术供给端和技术创新服务端。引导企业加强技术创新体系建设，以持续创新能力带动发展能力；加强知识产权等服务。

4. 衰退阶段

（1）产业特点。产业进入了生命周期的最后阶段。企业的数目逐步减少，产品品种减少，市场并购行为增加，产业利润率停滞或不断下降，技术进步微小甚至停滞，市场逐渐萎缩，产业总规模下降。当正常利润无法维持或现有投资折旧完毕后，整个产业便逐渐衰败。

从衰退的原因来看，主要包括以下几种类型：资源型衰退，即由于生产所依赖的资源的枯竭所导致的衰退。效率型衰退，即由于效率低下的比较劣势而引起的衰退。收入低弹性衰退，即因需求—收入弹性较低而导致衰退。聚集过度性衰退，即因经济过度聚集的弊端所引起的衰退。

在该阶段后期，新技术、新产品和大量替代品的出现，企业破产日益增多，许多企业开始选择退出并向其他更有利可图的产业转移资金，新产业开始出现。

（2）政策目标。开拓新的产业技术领域，培育新的技术生长点。由于社会发展变化和技术进步，某些产业的衰退可能是不可避免的，但产业的研发体系之间的转化和互利共赢则是可以实现的。产业间的技术转移和依靠技术进步实现衰退产业的软着陆应当是政策考虑的重点。

（3）政策着力点。产业衰退期的政策重点仍然是在创新技术供给端。引导各创新主体加大研发力度，鼓励不同产业领域的创新主体联合开展共性技术、基础技术的研发工作，开辟新的技术领域，开发新技术，培育新产业。同时支持优势企业降低成本，不断开发新产品。

（三）产业集中度

产业集中度也称行业集中度，是指某产业或行业的资源或者利润等其他经济效益指标向某几个特定企业集中的程度。产业集中度是对整个产业的市场结构集中程度的测量指标，用来衡量企业的数目和相对规模的差异，是市场势力即市场垄断程度和竞争程度的重要量化指标。一般来讲，提高一些产业的集中度可以增强该产业的国际竞争力，但过高的产业集中度又有可能抑制创新和导致市场垄断行为。

产业集中度有两个最常用的指标：产业集中率（或行业集中率）CR_n（Concentration Ratio）和赫尔芬达尔 – 赫希曼指数 HHI（Herfindalh – Hischman Index），本研究采纳更常用的产业集中率 CR_n 对产业集中度进行分析。

产业集中率 CR_n 是指产业内规模最大的前几位企业的产量（或资产总额、产值、销售额、销售量、职工人数、利润等）占整个市场或行业的份额。萨缪尔森定义 CR_4（四家最大的企业在某个产业的总产量或发货量中所占的百分比）和 CR_8。[1]

CR_n 计算公式如下：

$$CR_n = \frac{\sum (X_i)_n}{\sum (X_i)_N}$$

---

① ［美］保罗·萨缪尔森、威廉·诺德豪斯著，萧琛译：《经济学》（第十六版），华夏出版社，1999 年，第 139－140 页。

表 5-1 为根据产业集中度 CR_n 计算对应的市场结构情况，一般分为六级。

表 5-1 根据产业集中度计算对应的市场结构情况 单位:%

市场结构 ＼ 集中度	CR_4 值	CR_8 值
寡占 I 型	$CR_4 \geqslant 85$	
寡占 II 型	$75 \leqslant CR_4 \leqslant 85$	$CR_8 \geqslant 85$
寡占 III 型	$50 \leqslant CR_4 < 75$	$75 \leqslant CR_8 < 85$
寡占 IV 型	$35 \leqslant CR_4 < 50$	$45 \leqslant CR_8 < 75$
寡占 V 型	$30 \leqslant CR_4 < 35$	$40 \leqslant CR_8 < 45$
竞争型	$CR_4 < 30$	$CR_8 < 40$

美国统计局根据 1992 年数据对美国制造业的集中程度进行分析，高度集中产业是指 CR_4 在 60% 以上，低度集中产业是指 CR_4 在 20% 以下。本研究采用低、中、高度集中产业分类法。

1. 低度集中产业

（1）产业特点。按照产业集中率 CR_n 指数计算 CR_4 在 20% 以下的产业为低度集中产业。在低度集中产业的市场结构中，市场主体基本处于自由竞争状态，几乎相当于完全竞争的市场结构。没有明显的优势企业或部分相对较大的企业不能完全瓜分市场。存在着大量同质的市场参与者，生产要素可以无任何障碍地自由流动，所有的厂商和消费者只能是价格的接受者。充分竞争产业的技术创新既有优势也有劣势：一方面，竞争促使企业通过创新获取更大利润，赢得市场竞争优势；另一方面，企业规模偏小、行业利润水平偏低制约企业对创新的投入，导致低水平的过度竞争。

（2）政策目标。充分的竞争既可以充分满足消费市场的需要，又有利于加强企业的创新动机。对于低度集中产业，其产业技术创新支撑体系的政策目标是提高产业共性技术开发和供给能力，提高产业整体技术水平。这类产业大都处于产业链的终端而直接面对消费市场，一般宜采用较弱的支持政策。但如果涉及某些领域的国际竞争，或者说国内外竞争状态不相同时，则应当考虑某一方面较强支持政策的必要性，如通过应用新技术、高技术加强产业某些关键环节，提高国内产业的国际竞争力。同时，适时促进产业集中度的提升，有利于产业标准化、高端化，从而提高产业的国际竞争力，通过技术进步提高产业集中度作为政策的目标也是必要的。

（3）政策着力点。在创新技术供给方面，重点加强共性技术研发平台建设，激励企业加强研发能力建设，鼓励产学研协同创新。在创新技术产业化方面，引导企业扩大规模或并购重组。在技术创新服务方面，加强公共服务平台建设，强化对中小企业的信息情报、投融资、知识产权等服务。

2. 中度集中产业

（1）产业特点。与低度集中行业相比，中度集中产业的"龙头企业"所占市场份额比重更大，市场和行业的影响力也进一步提升，可能在局部市场形成垄断地位。但从整个市场结构来看，还没有形成寡头垄断形态。

与其他产业市场结构相比，中度集中产业与技术创新的关系更密切，或者说对技术创新的反映更加敏感。一方面，提高产业集中度需要依赖产业技术进步；另一方面，产业的技术进步可以成为改变产业集中度的重要诱因。创新产品的成熟化或产品市场替代化会影响产业中企业的生存和发展，当某类产品的市场容量达到饱和状态，并开始呈现下降趋势时，市场竞争的激烈程度会加剧，整个产业的生产能力会出现过剩的局面。在这种情况下，竞争的胜利者要通过持续的技术创新才能维持其优势；而市场失败者也只有通过技术创新另谋生路。

（2）政策目标。适度的产业集中是保持产业发展速度与质量以及维持国际竞争力的重要手段。垄断竞争是该类产业的主要存在形式，特别是对于基础性产业和支柱性产业。对于政策设计和制定者来说，营造有利于公平竞争的法律和政策环境，引导企业依靠技术创新取得竞争优势，推进行业进步和发展应当作为政策的主要目标。

（3）政策着力点。在创新技术供给方面，重点支持企业加强研发机构和技术创新体系建设，鼓励产学研用合作创新；在创新技术产业化方面，重点是建立公平的市场秩序，加速技术成果转化和商业化，加强新产品的开发；在技术创新服务方面，重点是加强知识产权、技术标准等服务。

3. 高度集中产业

（1）产业特点。按照产业集中率 CR_n 指数计算 CR_4 在 60% 以上的产业为高度集中产业，高度集中产业属于垄断型的市场结构，其重要特点是少数或若干垄断企业对市场和产业发展具有较强的控制力，或者可以采取排他的控制，但不能排除竞争，甚至有时会使竞争更激烈。

当市场卖方集中到少数大企业，就出现寡头。寡头就是少数企业的垄断。发达经济体中，寡头已经成为许多成熟行业市场结构的主要形式，产业由几家大型企业集团（跨国公司）主导，寡头间具有竞争关系。这种垄断形式既是现状又是趋势。寡头垄断是指由几家大型企业集团（跨国公司）主导，联合控制产品的生产和销售，其中寡头的数量在一个以上，少于"很多家"。从经济和产业发展的现实来看，垄断竞争是现代产业主要的历史形态。按产值计算，当今世界上大部分工业制成品是由寡头垄断行业制造的。钢铁、汽车、有色金属、飞机、计算机甚至饮料、化妆品等日用消费品都是由少数几家大型公司或跨国公司为主要供应商。

（2）政策目标。一般来讲，面向市场终端用户的、以产品为主的产业，如电信、汽车、日用品等，在提高产业集中度的同时应保持有效的竞争，以利于产业的科技进步。而对于产品针对性强的特定行业，特别是为其他产业提供基础性设备制造而非一般消费用品的产业，相对来讲，产业集中度高有利于产业的创新与发展，因为用户的创新需求决定了这类产业的创新方向，如集成电路装备、专用的重型装备等。

对高度集中产业的政策目标应当是引导寡头企业将竞争着力点放在提升企业技术创新能力，建立以大企业为主体的产业技术创新支撑体系，提高产业的国际竞争力，占领产业技术制高点。

（3）政策着力点。对于高度集中产业，政策的着力点在于创造公平的市场竞争环境，完善相应的法律法规，防止不利于创新的垄断行为。重点应引导大企业加强技术创新体系建设，加强跨国的研发布局，参加国际技术标准的制定，积极参与国际竞争。

五、我国产业技术创新支撑体系的政策现状和问题

根据产业技术创新支撑体系"1＋3"政策结构模型，下面对我国现有的相关政策进行梳理，并对存在的问题进行简要分析。

（一）政策现状考察

近年来，随着创新驱动发展战略实施，我国创新政策体系日益完善，其中许多涉及产业技术创新支撑体系建设。以下分别从政策类别、政策工具、政策内容等方面进行梳理和归纳。

1. 政策类别

（1）产业政策。产业政策是为了加快经济发展，谋求最优经济效益而制定的优先发展重点产业、扶持幼稚产业、限制过剩产业以及纠正市场失灵、弥补市场缺陷而制定的一系列经济政策的总称。我国经济政策自 2008 年后在政策导向上从"以区域优惠为主"向"以产业优惠为主、区域优惠为辅"转变，在扶持重点产业、战略性新兴产业等发展方面，出台了一系列政策。例如，通过税收优惠、财政补贴、政府采购等方式，促进集成电路、软件、新能源汽车、LED 等产业的发展。2014 年 6 月，国务院印发《国家集成电路产业发展推进纲要》，提出推动形成产业链上下游协同创新体系，支持产业联盟发展。鼓励企业成立集成电路技术研究机构，联合科研院所、高校开展竞争前共性关键技术研发。加强集成电路知识产权的运用和保护，建立国家重大项目知识产权风险管理体系，引导建立知识产权战略联盟，积极探索与知识产权相关的直接融资方式和资产管理制度。组织实施安全可靠关键软硬件应用推广计划，国家扩大内需的各项惠民工程和财政资金支持的重大信息化项目的政府采购部分，应当采购基于安全可靠软硬件的产品。建立健全集成电路人才培养体系，通过高校与集成电路企业联合培养人才等方式，加快建设和发展示范性微电子学院和微电子职业培训机构。采取多种形式大力培养培训集成电路领域高层次、急需紧缺和骨干专业技术人才。在"千人计划"中进一步加大对引进集成电路领域海外高层次人才的支持力度。这些政策涉及建立和完善集成电路产业技术创新支撑体系的方方面面。

（2）科技政策。自 20 世纪 80 年代初科技体制改革启动以来，我国的国家创新体系发生了根本性的变化，最突出的是，企业成为技术创新最主要的承担者。据《中国统计年鉴》（2015），2014 年我国研究开发经费支出总额为 13015.63 亿元，其中企业研究开发经费支出额为 9816.51 亿元，占比达 75.4%。我国通过不断加强和完善法律法规建设，明确了科技在经济社会发展中的地位，明确了企业、高校、科研机构、政府和其他主体在促进科技进步和创新中的角色和责任。各级政府通过科技计划、引导基金、政府采购等直接方式和税收优惠等间接方式，支持产业技术创新支撑体系的建设。例如，在产业创新技术供给方面，支持企业研发机构建设、产学研协同创新、产业共性技术研发等；在创新技术产业化方面，支持科技成果转化基地、产业技术创新战略联盟、工程（技术）研究中心等的建设；在技术创新服务方面，支持公共测试/检测试验平台、信息情报服务机构、技术转移平台和机构、知识产权服务机构、创业投资服务机构、科技金融服务机构等建设。

（3）教育政策。教育培训是各种产业的基础，更是创新人才培养的源头，是产业技术创新支撑体系建设的重要内容。有关产业技术创新支撑体系的教育政策包括：推进大学科技园建设，营造高校科技成果转化和商业化及创业创新的平台和环境；通过卓越工程师计划和各类职业教育培训等，培养产业技术创新人才；鼓励产学研协同创新，推动大学、研究机构和企业的交流与合作，共同建立协同创新机构，组建产业技术创新战略联盟；通过科技特派员等形式，鼓励大学科技人员服务于产业技术创新等。

2. 政策工具

我国利用财政、税收、金融等多种政策工具，促进产业技术创新支撑体系建设。例如，关于企业研发经费所得税加计扣除、企业技术转让的税收优惠、购置研发仪器设备免税退税、企业职工教育经费所得税税前扣除、创业投资抵扣应纳税所得额、研发设备加速折旧等规定。改革开放以来，我国国家层面出台的科技计划包括：国家科技支撑计划、863 计划、973 计划、国家重大科技专项、科技型中小企业创新基金、星火计划、火炬计划等，这些科技计划许多项目都涉及产业技术创新支撑体系建设的方方面面（见表 5 - 2）。

表 5 - 2　促进产业技术创新支撑体系建设和发展的政策工具

政策工具	示　例
法律法规	《科技进步法》、《科技成果转化法》、《企业所得税法》
纲要、规划	《国家创新驱动发展战略纲要》、《中国制造 2025》、《"十二五"产业技术创新规划》、《国家集成电路产业发展推进纲要》
财政	科技计划（项目、基地与基础条件、人才）、专项基金、科技奖励
税收	高新技术企业税收优惠、研发经费加计扣除、部分产业的税收优惠、新兴产业税收减免
金融	科技贷款、知识产权质押、再保险等
政府采购	政府采购、首台套政策

3. 政策内容

概括起来，我国有关产业技术创新支撑体系建设的政策，从政策类别、政策工具、政策重点以及政策覆盖面等方面看，初步形成基本框架。这些政策除了国家层面的之外，各省市也都根据本地特点和产业优势出台了促进产业技术创新及其支撑体系建设的政策措施。据不完全统计，近年各级政府推动科技创新出台的政策文件达5000多种，其中许多涉及产业技术创新支撑体系（见表5-3）。

表5-3　我国有关产业技术创新支撑体系的政策

政策指向	政策内容	示　例
创新技术供给	研发组织	国家重点实验室、国家工程实验室、协同创新中心、新型研发组织
	研发投入	研发投入企业所得税加计抵扣，研发设备加速折旧，科技计划项目
	研发人才	千人计划
创新技术产业化	产业化组织	国家工程（技术）研究中心、国家认定企业技术中心、高新技术企业认定、创新型企业建设、技术创新示范企业认定
	产业化人才	卓越工程师计划、工程硕士培养、科技特派员
	科技型创业	大众创业万众创新
	产业化投入	国家集成电路产业投资基金，国家科技成果转化引导基金、首台套采购政策、高新技术企业税收优惠
技术创新服务	服务机构	知识产权服务机构、孵化器、创业服务中心、技术转移机构、技术交易所等
	服务人才	国家科技基础条件平台建设计划
	公共服务平台	国家科技基础条件平台建设、技术转移中心建设
	服务投入	国家科技基础条件平台建设计划，知识产权质押、政府购买服务

（二）主要问题分析

尽管各级政府高度重视，政策文件频出，但涉及产业技术创新支撑体系建设的政策，也存在"政策缺失、政策拥挤、政策打架、政策跳跃"等现象和问题。

1. 主要现象

（1）政策缺失。在支撑体系的创新技术供给、创新技术产业化和技术创新服务三方面都存在着不同程度的政策缺失。而且针对不同产业的政策缺失程度不一。当然有些情况下政策缺失是不可避免的，如针对战略性新兴产业的相关政策。

（2）政策拥挤。由于部门之间、部门和地方之间等协调不够，针对产业技术创新支撑体系建设的政策存在着许多重复现象，降低了政策效能和效率。

（3）政策打架。在借鉴发达国家经验时，由于没有充分研究其政策体系的设计背景和内在逻辑，有些政策制定过于理想化或缺乏操作性，导致有些政策之间存在相互矛盾的现象。

（4）政策跳跃。由于体制、制度等原因，存在政策不稳定现象，许多政策缺乏连续性和持续性，影响产业界的合理预期。

2. 问题分析

导致上述现象的关键是缺乏围绕产业技术创新支撑体系的系统政策设计，没有遵循政策设计的一些基本原则。主要体现在以下三个方面：

（1）未充分考虑世情、国情的不同来进行政策设计。在不同的国际背景下，如"冷战"、全球化、新技术革命等会对产业发展及其技术创新产生较大影响。同时，我国属于后发国家，后发优势与后发劣势并存，正处于双重转型时期。因此，在国际形势、国家发展和产业发展的不同时期和阶段，政策应该存在着差异，如政策目标、政策着力点、政策工具选择等。目前的体系大多数是参照西方工业化国家如美国、德国、日本、韩国等而制定的，未能充分考虑到不同国情的差异性，从而对我国转型时期的特殊要求缺少及时的应变。

（2）未充分针对产业特点和发展规律来进行政策设计。不同的产业部门中产业组织的状况有很大差异，市场集中度在不同的产业部门中也有很大差异，而且规模经济在不同的产业间也具有不同的意义。产业间的差异，支撑产业发展的资本、知识、技术劳动力等要素构成迥异。因此，不同类型的产业，不同的产业生命时期，不同的产业的市场竞争状态，对支撑体系的需求不同，对相应政策也有着不同的需求。目前的政策没有充分依据产业特点，考虑产业间的诸多差异性，未能针对产业特点进行政策设计和细化。

（3）未充分依据市场规律来进行政策设计。在政策设计时，应充分发挥市场配置资源的决定性作用，避免政策失误和干预失度对产业发展规律的扭曲。目前的政策设计没有很好地把握市场和政府的关系，对政府干预时机、干预方式、强弱程度等缺乏深入研究，存在政府干预过多和不作为并存、干预方式不当等问题。

在产业技术创新及其支撑体系建设中，市场与政府的关系是永恒的主题之一。由政府直接资助的技术活动有时对于创造或利用创新机会是极其重要的。成功的例子包括美国 ICT 产业的发展，在其早期计算机、半导体、软件以及互联网的发展中，与军事相关的项目起着重要的作用。美国也把军用项目中重要的派生技术应用到民用航空业，而日本和法国政府也成功地支持了其高速列车的发展。然而，也存在着许多不尽如人意的情况。[①] 政府在制定政策时，对于干预时机、干预方式、政策强弱程度等方面，要从市场配置资源的决定性作用出发，才能促进不同产业的良性发展。

在我国，受传统计划经济体制的影响，同时受到国际金融危机后期国家经济战略思想的影响，政府在产业技术创新支撑体系建设中基本上在发挥着主导的作用，市场的活力远远没有得到充分发挥。中共第十八届三中全会的决定明确提出要发挥市场在资源配置中的决定性作用，这契合了产业技术创新及其支撑体系的基本规律，对支撑体系的政策设计和制定提出了要求，政策设计和制定成功与否的一个核心指标将是它是否调动了市场的积极性，发挥了市场的决定性作用。

六、本章小结

本章提出了产业技术创新支撑体系的政策模型和设计思路，为具体产业技术创新支撑体系建设的政策制定提供依据。同时从三个维度，分析了产业特点对政策选择的需求和影响，为具体产业设计和制定相关政策提供了参考。

本研究的核心思想是产业技术创新支撑体系的政策设计必须充分考虑不同国际背景、不同国家发展阶段、不同产业的差异，必须针对具体产业进行更加细化的设计。

---

① ［挪］詹·法格博格、［美］戴维·莫利、［美］理查德·纳尔逊主编，柳卸林等译：《牛津创新手册》，知识产权出版社，2009 年，第 101 页。

政策设计要充分基于市场在配置资源中的决定性作用，力戒以行政手段代替市场手段。无论哪种类型的产业都是如此，只是采取形式不同，政府干预程度不同。

　　国家与地方政府都是政策设计和制定的主体。地方政府可以在国家政策的框架下，结合本地特点与产业优势制定相应政策，将产业技术创新与区域创新有效地结合起来。

第六章　结束语

前面章节通过回顾世界工业化进程中产业技术创新发展的历史，综述产业技术创新的相关理论成果，借鉴产业技术创新及其支撑体系的国际经验，分析我国产业技术创新支撑体系的状况和问题，归纳出产业技术创新的基本规律，提出了产业技术创新支撑体系的概念，并进行了系统的理论探讨。下面对本研究的主要观点进行概述，并提出需要进一步开展和深入研究的方向。

一、主要观点

通过对产业技术创新支撑体系的理论研究和结合工业领域部分重点产业的实证研究，深化了我们对产业技术创新及其支撑体系的认识，归纳形成如下基本观点：

（一）产业技术创新支撑体系是客观存在的

如同国家创新体系的概念一样，在国家创新体系概念提出之前，支撑一个国家创新发展的经济和科技机构所形成的组织网络及其运行的制度环境就是客观存在的，国家创新系统只是提供了一个分析视角和理论框架，对这一客观存在进行描述和分析，以便于人们认识和理解创新发展的内在机理和规律。从这个意义上讲，国家创新体系是客观存在的。

同样，无论是哪个产业，无论在任何国家或地区，只要开展产业技术创新活动，就会需要对各种要素进行配置组合，需要各类主体之间形成有效的互动关系，就会产生相应的组织结构和制度安排，来开展相应的研究开发、技术应用和商业化。因此，围绕产业技术创新的这些组织结构和制度安排也可以视为是客观存在的，产业技术创新支撑体系概念提出只是为产业技术创新提供一个新的分析视角和理论框架。从这个意义上讲，产业技术创新支撑体系也是客观存在的。

（二）产业技术创新支撑体系影响着产业技术创新的能力和效率

产业技术创新支撑体系是由各种要素组合、各主体相互作用而形成的具有特定功能的系统。产业技术创新支撑体系中各组成部分不是分散无章的，而是具有层次结构性。各种要素按照特定的配置和组合方式形成不同的主体，各类主体之间通过相互作用形成相应的组织结构而构成系统，不同的结构安排体现出不同的功能。因此，各要素的配置和组合方式，主体之间的作用机制，体系的组织结构形式以及相应的制度安排等，都直接影响到产业技术创新支撑体系的构成和功能，决定着体系的有效性，进而也直接影响到产业技术创新的能力和效率。例如，在前面考察过的典型工业化国家不同产业技术创新模式中，由于不同国家所处的发展环境、拥有的资源禀赋和发展基础、国家体制和制度环境等不同，导致其要素的配置和组合方式的差异，主体状况及其相互作用关系的差异，从而形成具有不同的组织结构和制度安排的体系，这些不同体系发挥着不同的效果，直接影响到产业技术创新的效益和效率，影响到产业发展和产业结构合理性。这正是英国第一个发生产业革命、德国和美国实现成功超越、日本在"二战"后快速发展的重要基础，当然苏联构建的独特体系也有效地支撑其快速工业化和军事大国地位，同时也为其产业结构失调及后来的解体和衰落埋下了伏笔。

因此，在产业技术创新支撑体系建设中，要素的配置和组合是否有效，各类主体的功能定位是否恰当，形成的组织结构和制度安排是否有效，都能够影响到整个体系的功能发挥。有效的产业技术创新支撑体系，可以具体表现为要素的配置合理有效，产学研相关主体协作机制顺畅，政府与市场的关系适度，社会化服务体系的完善等，从而可以有效地促进产业技术创新能力和效率的提升。

（三）从功能角度凝练提出的产业技术创新支撑体系的"3＋1"理论模型提供了一个普适性的分析方法

对产业技术创新支撑体系的研究可以从不同角度入手，本研究从功能实现的角度提出了支撑体系的"3＋1"功能结构模型，即"创新技术供给、创新技术产业化、技术创新服务"三个基本功能构成部分及相应的政策和社会环境。这四个功能构成部分，是总结了不同产业的共性特点和规律而提出的，是所有产业技术创新支撑体系普遍具有的基本组成部分，具有普适性和应用性。因此，产业技术创新支撑体系的"3＋1"理论模型，可以为各类产业提供一个基本的分析框架，为各产业之间进行比较研究，分析各产业技术创新支撑体系的共性和差异性提供基本方法，也可以为具体产业技术创新支撑体系建设及其政策设计提供一般指导。

当然，产业技术创新支撑体系在各个产业之间表现出差异性和多样性。每一个产业领域，都有许多特殊的环境条件，其产业技术创新支撑体系的各个功能构成部分都带有特定产业领域的特点。如生物医药产业，除了创新技术供给、创新技术产业化和技术创新服务三个基本构成部分之外，医院也在体系中扮演了非常重要的角色，其功能和作用需要特别加以考虑。另外，任何一个产业都有生命周期，不同的发展阶段的产业特点和市场条件不同，对要素和主体的需求也不同，其产业技术创新支撑体系及其各功能构成部分也会表现出阶段性的差异和特点。

因此，本研究认为，产业技术创新支撑体系至少具有"3＋1"的基本构成部分，针对具体产业的实际情况，还可能存在其他构成部分，从而体现出该产业技术创新支撑体系的不同组织结构形式。

（四）政策和社会环境影响着产业技术创新支撑体系整体功效发挥

按照产业技术创新支撑体系的"3＋1"功能结构模型，政策和社会环境是重要的构成部分，是其他三个基本功能构成得以发挥作用的重要保障。在产业技术创新支撑体系中，主要反映为针对三个基本功能构成的相关法律法规、政策规范和具体措施等。事实上，产业技术创新支撑体系的三个基本功能构成（创新技术供给、创新技术产业化、技术创新服务）的内涵和外延发展都是在特定的政策和社会环境下，尤其是在或强或弱的政府政策下发生发展的。当然，这里涉及的政策包括科技政策、产业政策、经济政策、金融政策、知识产权政策和社会政策等方方面面的政策。在特定的发展背景下，不同政策之间的相互影响、作用与反馈，形成产业技术创新支撑体系的政策和社会环境。

在产业技术创新支撑体系中，适宜的政策和社会环境，能够促使要素资源的配置更加合理，主体之间的互动更加有效，组织结构能够在自组织过程中更加优化，从而实现体系的动态平衡与协调发展。反之，如果政策组合和力度不适当，就可能导致各种要素配置扭曲，阻碍各类主体的有效协同，影响体系的有效运行和功能发挥，导致产业技术创新活动的低效。例如，后发国家与发达国家相比，政府往往会运用更多的政策手段促进产业技术创新，包括引进国外技术和人才、保护幼稚或重点产业、实行政府或军事采购等。但政策的组合和适度非常关键，苏联就是一个反例，由于资源过分集中在军事工业和重工业，加之市场机制的丧失，导致产业结构和经济结构的严重扭曲，严重影响了产业和经济发展的可持续性。

政策和社会环境存在着明显的产业差异性。针对不同的产业类型、产业生命周期、产业市场竞争状态等，相应的创新组织、创新投入和创新人才等政策存在显著差异，政策发挥作用的渠道和方式也是不同的。如产学研合作网络在不同类型产业中表现出不同的关联性，在一个产业的不同发展阶段也表现出不同的协作形式。

因此，政策和社会环境对产业技术创新支撑体系建设及其整体功效发挥是非常关键的。必须根据国情，结合具体产业的特征，针对支撑体系三个基本功能构成，进行差异化的政策设计和政策细化。

二、有待进一步研究的方向

当前，产业创新发展在全球范围内不断呈现出新的趋势和特点，产业技术创新已经成为国际竞争的热点，成为决定国家竞争力和兴衰的关键。因此，关于产业技术创新的研究正在成为学术研究和政策研究的热点。产业技术创新支撑体系作为一个新提出的概念，其相关理论与实践也需要持续、深入的研究。

（一）加强产业技术创新历史发展的系统研究

通过对世界产业技术创新历史的研究，以史为鉴，可以更好地把握产业技术创新的客观规律。本研究选择了世界工业化进程中部分典型工业化国家，研究其产业技术创新的历史发展和主要特点，得到很多有价值的结论和启发。但本研究只是沿着单向时间维度对这些国家产业技术创新的发展和特点进行了初步研究。事实上，对某一国家不同时期产业技术创新模式的变化，如美国、德国、日本等在"二战"前后的产业技术创新模式的变化，以及这些典型国家产业技术创新模式的比较等，都还需要进一步挖掘分析。

此外，本研究只局限于世界工业化进程中少数具有特殊代表性的大国的研究，尽管大国的产业技术创新有代表性，并且对我国具有更强的借鉴意义，但研究无疑是不全面的，难以反映产业技术创新的历史全貌。其他一些国家，如比利时、法国等较早开始工业化且目前仍具备较强实力的国家；瑞士、瑞典等高收入、经济规模不大、但在部分工业领域具有较强国际竞争力的国家；韩国、以色列等发展迅速、潜力较大的新兴工业化国家；巴西、阿根廷等南美国家，波兰、捷克等东欧转轨国家，印度等后发国家，其产业技术创新也各具特色，将这些国家或经济体纳入研究范围，可能会得出更多有价值的研究成果，拓展和深化本书的研究。

（二）加强对影响产业技术创新的新形态、新趋势的研究

当前，全球工业化正呈现出一系列新的特点和趋势。一是工业化与信息化融合加速，特别是信息通信技术与制造、能源、材料、生物等技术加速交叉融合，推动了智能控制、人机交互、分布式能源、智能材料、生物芯片、生物传感等领域的融合创新，孕育了工业互联网、能源互联网、新材料等新产品和新业态，引发多领域的系统性、革命性、群体性技术突破。德国"工业4.0"、美国工业互联网表明，新一代信息通信技术与制造业融合发展正在成为新一轮科技革命和产业变革的主线。工业化和信息化在技术、产品、管理等各个层面相互影响和交融，将催生出一批新产业。二是制造业和服务业互动发展、日益深化融合。制造业和服务业的边界日益模糊，制造业服务化

与服务业制造化的趋势越来越明显。在制造业中，在线监控诊断、远程维护、融资租赁、全生命周期管理等新业务应用日益广泛，还发展出合同能源管理、排污权交易、碳交易等许多专业服务。基于互联网的个性化定制、众包设计、云制造等新型制造模式，基于消费需求动态感知的研发、制造、服务等新方式不断涌现。

本研究的许多观点和结论，主要是在工业革命以来制造业创新发展的基础上进行分析和总结形成的。历史发展经验表明，产业创新发展模式会伴随时代发展不断演化。当前正在发生的以移动互联网、大数据、云计算等为代表的新一代信息网络技术，以及电子商务、众包、众筹等新商业模式，对产业技术创新模式的影响，现有研究尚未给予充分考虑。新技术、新业态、新商业模式对产业技术创新体系的影响，以致是否会形成新的产业技术创新模式，对产业技术创新支撑体系有何新的要求，产业技术创新支撑体系将如何演化和发展，其主体、结构、功能及政策环境等会出现哪些新特点，都亟待深入的研究。

因此，未来需要密切跟踪以新一代信息网络技术为代表的新技术革命对产业技术创新模式的影响，跟踪研究产业创新发展的新业态、新商业模式，并结合新趋势和新特点进一步深化产业技术创新支撑体系的研究。

（三）加强产业技术创新支撑体系"3+1"理论模型在具体产业中的应用研究

产业技术创新支撑体系"3+1"功能结构模型是在产业技术创新的共性规律研究基础上总结得出的。考虑到不同产业技术创新的差异性，不同产业技术创新支撑体系有各自的特殊性。"3+1"理论模型还需要在更多的具体产业中应用和检验，以丰富和完善该理论模型，以便更好地指导产业技术创新支撑体系的建设。特别是针对基础性产业、战略性新兴产业等亚类产业群的技术创新规律及支撑体系特点，目前的研究还有待深入；一些新出现的产业领域，如智能制造、生产性服务业等，其产业技术创新的研究才刚刚起步。在这些亚类产业群和具体产业中，加强"3+1"理论模型的应用研究，对于丰富和完善产业技术创新支撑体系的理论具有重要意义。

参考文献

［1］ Freeman C. Technology Policy and Economic Performance：Lessons from Japan. London Printer，1987.

［2］ Nelson R R. （Ed.） National Systems of Innovation：A Comparative Study. Oxford University Press，1993.

［3］ Porter M E. The Competitive Advantage of Nations. Harvard Business Review，1990.

［4］ Rothwell R Zegveld W. Innovation and Technology Policy. London，Printer，1980.

［5］ Carlsson B. Technological Systems and Economics Performance：The Case of Factory Automation. Dordrecht，Kluwer，1995.

［6］［美］路易斯·伯兰斯卡姆、杰姆斯·凯勒编著，陈向东译：《为创新投资——21 世纪的创新战略》，光明日报出版社，1999 年。

［7］［挪］詹·法格博格、［美］戴维·莫利、［美］理查德·纳尔逊主编，柳卸林、郑刚、蔺雷、李纪珍译：《牛津创新手册》，知识产权出版社，2009 年。

［8］ Malerba F. Sectoral Systems of Innovation：Concept，Issues and Analyses of Six Major Sectors in Europe. Cambridge University Press，2004.

［9］ Malerba F. Sectoral Systems of Innovation and Production. Research Policy，2002（31）.

［10］ Malerba F. Technological Regimes and Sectoral Pattern of Innovation Activities. Industrial and Corporate Change，1997（6）.

［11］ Klepper S. Entry, Exit, Growth and Innovation over the Product Life Cycle. American Economics Review, 1996 (86) .

［12］ Collins S W. The Race to Commercialize Biotechnology: Molecules, Markets and state in the United States and Japan. Taylor & Tranus Group, London and New York, 2004.

［13］ 吴贵生、李纪珍:《关于产业技术创新的思考》,《新华文摘》2000 年第 3 期。

［14］ 张耀辉著:《产业创新的理论探索:高新产业发展规律研究》,中国计划出版社, 2002 年。

［15］ 张凤、何传启著:《国家创新系统——第二次现代化的发动机》,高等教育出版社, 1999 年。

［16］ 柳卸林主编:《21 世纪的中国技术创新系统》, 北京大学出版社, 2000 年。

［17］ Nelson R, Winter S. An Evolutionary Theory of Economic Change. The Belknapp Press of Harvard University Press, Cambridge, 1982.

［18］ Keith Pavitt. Sectoral Patterns of Technical Change: Towards a Taxonomy and a Theory. Research Policy, 1984, 13 (6) .

［19］ Becker M C, Lillemark M. Marketing/R&D Integration in the Pharmaceutical Industry. Research Policy, 2006, 35 (1) .

［20］ Ramani S V, de Looze M A. Using Patent Statistics as Knowledge Base Indicators in the Biotechnology Sectors: An Application to France, Germany and the UK. Scientometrics, 2002, 54 (3) .

［21］ Stuart T E, Ozdemir S Z, et al. Vertical Alliance Networks: The Case of University Biotechnology Pharmaceutical Alliance Chains. Research Policy, 2007, 36 (4) .

［22］ Hemmert M. The Influence of Institutional Factors on the Technology Acquisition Performance of High – tech Firms: Survey Results from Germany and Japan. Research Policy, 2004, 33 (6 – 7) .

［23］ Walsh V, Le Roux M. Contingency in Innovation and the Role of National Systems: Taxol and Taxotere in the USA and France. Research Policy, 2004, 33 (9) .

[24] Desmet K, Kujal P, et al. Implementing R&D Policies: An Analysis of Spain's Pharmaceutical Research Program. Research Policy, 2004, 33 (10).

[25] Ting – Lin Lee, Nick von Tunzelmann. A Dynamic Analytic Approach to National Innovation Systems: The IC Industry in Taiwan. Research Policy, 2005 (34).

[26] Abernathy A. Dynamic Model of Process and Product Innovation, 3 OMEGA INT' L J. MGMT. SCI, 1975 (639).

[27] Comanor W S. The Political Economy of the Pharmaceutical Industry. Journal of Economic Literature, 1986 (24).

[28] Alexander D L, Flynn J E, Linkins A. Innovation, R&D Productivity and Global Market Share in the Pharmaceutical Industry. Review of Industrial Organization, 1995 (10).

[29] Henderson R, Cockburn I. Scale, Scope and Spillovers: The Determinants of Research Productivity in Drug Discovery. Rand Journal of Economics, 1996, 27 (1).

[30] McNamara P, Baden – Fuller C. Shareholder Returns and the Exploration – exploitation Dilemma: R&D Announcements by Biotechnology Firms. Research Policy, 2007, 36 (4).

[31] Arora A, Gambardella A. Evaluating Technological Information and Utilizing It: Scientific Knowledge, Technological Capability, and External Linkages in Biotechnology. Journal of Economic Behavior & Organization, 1994, 24 (1).

[32] Powell C, et al. Information Technology as Competitive Advantage: The Role of Human, Business, and Technology Resources. Strategic Management Journal, 1997, 18 (5).

[33] Rosenberger. Strategy, Structure and Economic Performance. Harvard Business Press, Cambridge, MA, 1976.

[34] Patel P, Pavitt K. The Wide (and Increasing) Spread of Technological Competencies in the World's Largest Firms: A Challenge to Conventional Wisdom. //Chandler A D, Hagstrom P, Soivell O. The Dynamic Multinational Firms. Oxford University, 1997.

[35] [美] 曼塞·布莱克福德著, 锁箭译:《西方现代企业兴起》, 经济

管理出版社，2001年。

［36］［英］E. A. 里格利著，侯琳琳译：《延续、偶然与变迁——英国工业革命的特质》，浙江大学出版社，2013年。

［37］罗志如、厉以宁著：《二十世纪的英国经济》，人民出版社，1982年。

［38］［美］小艾尔弗雷德·钱德勒著，引野隆志协助，张逸人、陆钦炎、徐振东、罗仲伟译：《规模与范围：工业资本主义的原动力》，华夏出版社，2006年。

［39］［英］克利斯·弗里曼、罗克·苏特著，华宏勋、华宏慈等译：《工业创新经济学》，北京大学出版社，2004年。

［40］［美］理查德·R. 尼尔森编著，曾国屏、刘小玲、王程、李红林等译：《国家（地区）创新体系比较分析》，知识产权出版社，2012年。

［41］赵克著：《工业实验室的社会运行》，复旦大学出版社，2008年。

［42］阎康年、姚立澄主编：《国外著名科研院所的历史经验和借鉴研究》，科学出版社，2012年。

［43］［美］A. D. 钱德勒主编，柳卸林等译：《大企业和国民财富》，北京大学出版社，2004年。

［44］王志强著：《研究型大学与美国国家创新系统的演进》，中国社会科学出版社，2014年。

［45］崔岩著：《日本的经济赶超》，经济管理出版社，2009年。

［46］阎康年著：《美国贝尔实验室的成功之道》，广东教育出版社，2004年。

［47］［美］迈克尔·波特著，李明轩、邱如美译，郑凤田校：《国家竞争优势》，华夏出版社，2002年。

［48］傅家骥著：《技术创新学》，清华大学出版社，1998年。

［49］杨公朴、夏大慰、龚仰军著：《产业经济学教程》，上海财经大学出版社，2008年。

［50］盛世豪著：《产业竞争论》，杭州大学出版社，1999年。

［51］巫云仙著：《德国企业史》，社会科学文献出版社，2013年。

［52］中国创新型企业发展报告编委会：《中国创新型企业发展报告2013～2014》，经济管理出版社，2015年。

[53] ［美］保罗·萨缪尔森、威廉·诺德豪斯著，萧琛译：《经济学》（第十六版），华夏出版社，1999年。

[54] ［瑞典］C. 埃德奎斯物、L. 赫曼主编，胡志坚、王海燕主译：《全球化、创新变迁与创新政策：以欧洲和亚洲10个国家（地区）为例》，科学出版社，2012年。

[55] Mark Dodgson、Roy Rothwell 编，陈劲等译：《创新聚集——产业创新手册》，清华大学出版社，2000年。

[56] ［美］迈克尔·波特著，高登第、李明轩译：《竞争论》，中信出版社，2003年。

[57] ［美］格雷戈里·祖克曼著，艾博译：《页岩革命——新能源亿万富豪背后的惊人故事》，中国人民大学出版社，2014年。

后　记

本书是《产业技术创新研究系列丛书》的第一本。本书的基础是中国工程院重大咨询项目"我国工业领域产业技术创新支撑体系建设研究"的四个课题之一——"产业技术创新支撑体系的理论、政策及体系建设的综合研究"的成果。该课题包含四个专题，分别是"产业技术创新支撑体系的概念内涵、构成要素与结构研究"、"产业技术创新支撑体系的主体及功能研究"、"产业技术创新支撑体系的政策研究"及综合专题研究。在专题研究成果的基础上，通过综合、凝练、提升，形成5万多字的课题研究报告。本书在课题研究报告的基础上，做了较大幅度的改写、扩充而成稿。

中国工程院周济、朱高峰、干勇、钟志华等院士和陈清泰、方新等知名专家指导了课题的研究。李新男统筹负责课题的策划、组织及研究，并指导和审阅了书稿。王振海、梅萌、韩伟、许志鹏、延建林等参加了课题和部分专题的研究和讨论。

本书从世界工业化发展和产业技术创新历史出发，综合国内外有关产业技术创新的理论成果，首次提出了产业技术创新支撑体系的概念并进行了系统的理论探讨。本书的主要概念和理论模型在本项目的其他三个课题及其专题中得到了初步的应用和检验，三个课题及其专题的研究成果也丰富和支撑了本书的主要观点。这可以从本套丛书的其他五本书的内容中得到印证。指导和承担三个课题及其专题研究的众多院士、专家和产业界人士对本书做出了重要贡献。在此一并致谢！

本书各章的专题报告基础和负责人分别是：第二章、第三章，"产业技术创新支撑体系的概念内涵、构成要素与结构研究"专题，康荣平、陈向东；第四章，"产业技术创新支撑体系的主体及功能研究"专题，肖广岭；第五章，"产业技术创新支撑体系的政策研究"专题，刘东、孟建伟。

本书各章节执笔人如下：第一章、第六章，邸晓燕、刘东；第二章，刘东、康荣平；第三章，陈向东、康荣平；第四章，肖广岭、李峰、高宏伟，刘东补写第三节；第五章，刘东、杨渝玲、李振良。刘东承担课题研究报告的改写、扩充和成稿，并负责全书统稿。

本书是关于产业技术创新支撑体系的初步理论探索，由于能力和水平局限，本书的观点和论述一定有许多不妥之处，尤其是提出的理论分析模型尚需进一步检验和完善，敬请读者提出宝贵意见。

《产业技术创新支撑体系的理论研究》

编写研究组

2016 年 9 月